Tortų Knyga 2023

Išbandykite Naujas Tortų Receptų Versijas!

Irena Kavaliauskaitė

TURINYS

Kavos pyragas 12

Kavos Streusel pyragas 13

Sodyba varva tortas 14

Amerikietiški meduoliai su citrinų padažu 15

Kavos meduoliai 17

Imbiero kremo pyragas 18

Liverpulio imbiero pyragas 19

Avižiniai imbieriniai sausainiai 20

Lipnūs imbieriniai sausainiai 22

Pilno grūdo meduoliai 23

Medaus ir migdolų pyragas 24

Citrininis ledinis pyragas 25

Ledinės arbatos žiedas 26

Lardy tortas 28

Kmynų sėklų Lardy pyragas 29

Marmurinis pyragas 30

Linkolnšyro sluoksninis pyragas 31

Duonos pyragas 32

Marmeladinis pyragas 33

Aguonų pyragas 34

Paprastas jogurtinis pyragas 35

Slyvų ir kremo pyragas 36

Aviečių banguotas pyragas su šokoladiniu glaistu 38

Trapios tešlos pyragas 39

Varlių pyragas 40

Prieskonių žiedinis pyragas 41

Prieskonių sluoksniuotas pyragas 42

Cukraus ir cinamono pyragas 43

Viktorijos laikų arbatos pyragas 44

„Viskas viename" vaisių pyragas 45

„Viskas viename" vaisių pyragas 46

Australijos vaisių pyragas 47

Amerikietiškas sotus pyragas 48

Carob vaisių pyragas 50

Kava Vaisių pyragas 51

Sunkusis Kornvalio pyragas 53

Serbentų pyragas 54

Tamsus vaisių pyragas 55

Supjaustykite ir ateikite dar kartą pyragas 57

Dandžio pyragas 58

Vaisinis pyragas be kiaušinių per naktį 59

Neprotingas vaisių pyragas 60

Imbiero vaisių pyragas 62

Farmhouse Honey Fruitcake 63

Genujos pyragas 64

Glacé vaisių pyragas 66

Gineso vaisių pyragas 67

Mėsos pyragas 68

Avižų ir abrikosų vaisių pyragas 69

Vaisinis pyragas per naktį 70

Razinų ir prieskonių pyragas 71

Ričmondo pyragas 72

Šafrano vaisių pyragas 73

Sodos vaisių pyragas 74

Greitas vaisių pyragas 75

Karštos arbatos vaisių pyragas 76

Vaisinis pyragas su šalta arbata 77

Vaisinis pyragas be cukraus 78

Maži vaisių pyragaičiai 79

Acto vaisių pyragas 80

Virdžinijos viskio pyragas 81

Velso vaisių pyragas 82

Baltas vaisių pyragas 83

Obuolių pyragas 84

Prieskonių obuolių pyragas su traškiu viršumi 85

Amerikietiškas obuolių pyragas 86

Obuolių tyrės pyragas 87

Sidro obuolių pyragas 88

Obuolių ir cinamono pyragas 89

Ispaniškas obuolių pyragas 90

Obuolių ir Sultonos pyragas 92

Apverstas obuolių pyragas 93

Abrikosų duonos pyragas 94

Abrikosų ir imbiero pyragas 95

Girtas abrikosų pyragas 96

Bananų pyragas 97

Bananų pyragas su traškiu viršumi 98

Bananinis grybas 99

Bananų pyragas su daug skaidulų 100

Bananų ir citrinų pyragas 101

Blenderiu bananų šokoladinį pyragą.. 102

Bananų ir žemės riešutų pyragas 103

„Viskas viename" bananų ir razinų pyragas....................................... 104

Bananų ir viskio pyragas.. 105

Mėlynių pyragas... 106

Vyšnių akmenimis grįstas pyragas 107

Vyšnių ir kokosų pyragas 108

Vyšnių ir sultonos pyragas 109

Ledinis vyšnių ir riešutų pyragas 110

Damsono pyragas.. 111

Datulių ir riešutų pyragas... 112

Citrininis pyragas 113

Apelsinų ir migdolų pyragas 114

Avižinių dribsnių pyragas 115

Traškus matinis mandarinų pyragas 116

Apelsinų pyragas 117

Persikų pyragas 118

Apelsinų ir Marsalos pyragas 119

Persikų ir kriaušių pyragas 120

Drėgnas ananasų pyragas 121

Ananasų ir vyšnių pyragas... 122

Natal ananasų pyragas 123

Ananasas aukštyn kojom 124

Ananasų ir riešutų pyragas.. 125

Aviečių pyragas 126

Rabarbarų pyragas 127

Rabarbarų-medaus pyragas 128

Burokėlių pyragas 129

Morkų ir bananų pyragas 130

Morkų ir obuolių pyragas 131

Morkų ir cinamono pyragas 132

Morkų ir moliūgų pyragas 133

Morkų ir imbiero pyragas 134

Morkų ir riešutų pyragas 135

Morkų, apelsinų ir riešutų pyragas 136

Morkų, ananasų ir kokosų pyragas 137

Morkų ir pistacijų pyragas 138

Morkų ir riešutų pyragas 139

Prieskonių morkų pyragas 140

Morkų ir rudojo cukraus pyragas 142

Cukinijų ir čiulpų pyragas 143

Skvošo ir apelsinų pyragas 144

Prieskonių skvošo pyragas 145

Moliūgų pyragas 147

Vaisinis moliūgų pyragas 148

Prieskonių moliūgų vyniotinis 149

Rabarbarai ir meduoliai 151

Saldžiųjų bulvių pyragas 152

Itališkas migdolų pyragas 154

Migdolų ir kavos tortas 155

Migdolų ir medaus pyragas 156

Migdolų ir citrinų pyragas 157

Migdolų pyragas su apelsinu 158

Sodrus migdolų pyragas 159

Švediškas macaron pyragas 160

Kokosų duona 161

Kokosų pyragas 162

Auksinis kokosų pyragas 163

Kokoso sluoksnio pyragas 164

Kokosų ir citrinų pyragas 165

Kokosinis Naujųjų metų pyragas 166

Kokosas ir sultanaka 167

Traškus riešutų pyragas 168

Mišrus riešutų pyragas 169

Graikiškas riešutų pyragas 170

Ledinis riešutų pyragas 171

Riešutų pyragas su šokoladiniu kremu 172

Graikinių riešutų pyragas su medumi ir cinamonu 173

Migdolų ir medaus batonėliai 174

Obuolių ir juodųjų serbentų trupinių batonėliai 176

Abrikosų ir avižinių dribsnių batonėliai 177

Abrikosų traškučiai 178

riešutiniai bananų batonėliai 179

Amerikietiški rudieji pyragaičiai 180

Chocolate Fudge Brownies 181

Graikinių riešutų ir šokolado pyragaičiai 182

Sviesto batonėliai 183

Vyšnių irisas Traybake 184

Šokolado drožlių padėklas Kepimas 185

Cinamono trupinys 186
Dėvėti cinamono batonėliai 187
Kokoso batonėliai 188
Sumuštinių batonėliai su kokosu ir uogiene 189
Datulių ir obuolių skardos kepimas 190
Datos griežinėliai 191
Močiutės pasimatymų batonėliai 192
Datulių ir avižinių dribsnių batonėliai 193
Datulių ir riešutmedžio batonėliai 194
Figų lazdelės 195
Atvartais 196
Vyšnių atmuštukai 197
Šokoladiniai blyneliai 198
Dvyliktos nakties tortas 199
Obuolių pyragas mikrobangų krosnelėje 200
Obuolių pyragas mikrobangų krosnelėje 201
Mikrobangų krosnelėje obuolių ir riešutų pyragas 202
Morkų pyragas mikrobangų krosnelėje 203
Mikrobangų krosnelėje morkų, ananasų ir riešutų pyragas 204
Mikrobangų prieskoniais pagardinti sausainiai 206
Mikrobangų bananų ir pasiflorų sūrio pyragas 207
Mikrobangų krosnelėje keptas apelsinų sūrio pyragas 208
Mikrobangų krosnelė ananasų sūrio pyragas 209
Mikrobangų krosnelė Vyšnių ir riešutų duona 210
Šokoladinis pyragas mikrobangų krosnelėje 211
Šokoladinis migdolų pyragas mikrobangų krosnelėje 212
Mikrobangų krosnelėje dvigubi šokoladiniai pyragaičiai 214

Mikrobangų šokolado batonėliai 215
Mikrobangų šokolado kvadratėliai 216
Greitas kavos pyragas mikrobangų krosnelėje 218

Kavos pyragas

Padarykite 20 cm/8 tortą

100 g/4 uncijos/½ puodelio sviesto arba margarino, suminkštinto

100 g/4 uncijos/½ puodelio smulkaus cukraus (labai smulkus).

2 kiaušiniai, lengvai paplakti

2,5 ml/½ šaukštelio kavos esencijos (ekstrakto) arba stiprios juodos kavos

150 g/5 uncijos/1¼ puodeliai savaime kylančių (savaime kylančių) miltų

2,5 ml/½ šaukštelio kepimo miltelių

Kavos sviesto glajus

30 ml / 2 šaukštai susmulkintų riešutų mišinio (nebūtina)

Sviestą arba margariną ir cukrų išmaišykite iki šviesios ir purios masės. Palaipsniui įmaišykite kiaušinius ir kavos esenciją, tada suberkite miltus ir kepimo miltelius. Supilkite į dvi riebalais išteptas ir išklotas 20 cm/8 storio sumuštinių formeles ir kepkite iki 160°C/325°F/dujų žymės 3 įkaitintoje orkaitėje 20 minučių, kol taps elastingos. Atvėsinkite skardinėse 4 minutes, tada išverskite ant grotelių, kad baigtumėte atvėsti. Pyragėlius aptepkite puse sviestinio glajaus, tada ant viršaus užtepkite likusią dalį ir šakute padarykite raštus. Jei norite, pabarstykite riešutais.

Kavos Streusel pyragas

Padarykite 20 cm/8 tortą

50 g/2 uncijos/¼ puodelio sviesto arba margarino, suminkštinto

100 g/4 uncijos/½ puodelio smulkaus cukraus (labai smulkus).

1 kiaušinis, lengvai paplaktas

10 ml/2 šaukštelis kavos esencijos (ekstraktas)

100 g/4 uncijos/1 puodelis savaime kylančių (savaime kylančių) miltų

Žiupsnelis druskos

75 g/3 uncijos/½ puodelio sultonų (auksinių razinų)

60 ml/4 šaukštai pieno Užpilui:

50 g/2 uncijos/¼ puodelio sviesto arba margarino

30 ml/2 šaukštai paprastų (universalių) miltų

75 g / 3 uncijos / 1/3 puodelio minkšto rudojo cukraus

10 ml/2 šaukštelio malto cinamono

50 g/2 uncijos/½ puodelio kapotų sumaišytų riešutų

Sviestą arba margariną ir cukrų išmaišykite iki šviesios ir purios masės. Palaipsniui įmaišykite kiaušinį ir kavos esenciją, tada įmaišykite miltus ir druską. Įmaišykite sultonus ir tiek pieno, kad susidarytų minkšta lašelių konsistencija.

Norėdami paruošti užpilą, sviestą arba margariną įtrinkite į miltus, cukrų ir cinamoną, kol masė taps panaši į džiūvėsėlius. Įmaišykite riešutus. Pusę užpilo apšlakstykite riebalais išteptos ir išklotos 20 cm/8 torto formos (formos) dugnu. Supilkite pyrago mišinį ir pabarstykite likusį užpilą. Kepkite iki 220°C įkaitintoje orkaitėje 15 minučių, kol gražiai pakils ir taps elastinga liesti.

Sodyba varva tortas

Padarykite 18 cm/7 tortą

225 g/8 uncijos/1 1/3 puodeliai džiovintų vaisių mišinio (vaisių pyrago mišinys)

75 g/3 uncijos/1/3 puodelio jautienos lašinukų (sutrumpinimas)

150 g / 5 uncijos / 2/3 puodelio minkšto rudojo cukraus

250 ml / 8 fl oz / 1 puodelis vandens

225 g/8 uncijos/2 puodeliai pilno grūdo (viso grūdo) miltų.

5 ml/1 arbatinis šaukštelis kepimo miltelių

2,5 ml/½ šaukštelio sodos bikarbonato (kepimo soda)

5 ml/1 šaukštelis malto cinamono

Žiupsnelis tarkuoto muskato riešuto

Žiupsnelis maltų gvazdikėlių

Vaisius, lašinukus, cukrų ir vandenį užvirinkite kietoje keptuvėje ir troškinkite 10 minučių. Leiskite atvėsti. Likusius ingredientus sumaišykite dubenyje, tada supilkite ištirpintą mišinį ir švelniai išmaišykite. Supilkite į riebalais išteptą ir išklotą 18 cm/7 torto formą (skarda) ir kepkite iki 180°C įkaitintoje orkaitėje 1,5 valandos, kol gerai pakils ir susitrauks nuo formos kraštų.

Amerikietiški meduoliai su citrinų padažu

Padarykite 20 cm/8 tortą

225 g/8 uncijos/1 puodelis smulkaus cukraus (labai smulkus).

50 g/2 uncijos/¼ puodelio sviesto arba margarino, ištirpinto

30 ml/2 šaukštai juodojo sirupo (melasos)

2 kiaušinių baltymai, lengvai išplakti

225 g/8 uncijos/2 puodeliai paprastų (universalių) miltų

5 ml/1 arbatinis šaukštelis sodos bikarbonatas (kepimo soda)

5 ml/1 šaukštelis malto cinamono

2,5 ml/½ šaukštelio maltų gvazdikėlių

1,5 ml/¼ šaukštelio malto imbiero

Žiupsnelis druskos

250 ml / 8 fl oz / 1 puodelis pasukų

Padažui:

100 g/4 uncijos/½ puodelio smulkaus cukraus (labai smulkus).

30 ml/2 šaukštai kukurūzų miltų (kukurūzų krakmolas)

Žiupsnelis druskos

Žiupsnelis tarkuoto muskato riešuto

250 ml / 8 fl oz / 1 puodelis verdančio vandens

15 g/½ uncijos/1 valgomasis šaukštas sviesto arba margarino

30 ml/2 šaukštai citrinos sulčių

2,5 ml/½ šaukštelio smulkiai tarkuotos citrinos žievelės

Sumaišykite cukrų, sviestą arba margariną ir sirupą. Įmaišykite kiaušinių baltymus. Sumaišykite miltus, sodos bikarbonatą, prieskonius ir druską. Miltų mišinį ir pasukas pakaitomis įmaišykite į sviesto ir cukraus mišinį, kol gerai susimaišys. Supilkite į riebalais išteptą ir miltais pabarstytą 20 cm/8 skersmens torto formą ir kepkite iki 200°C/400°F/6 dujų žymeklio įkaitintoje orkaitėje 35 minutes, kol į vidurį įsmeigtas iešmas išeis švarus. Palikite atvėsti keptuvėje 5 minutes, prieš išversdami ant grotelių, kad baigtumėte atvėsti. Tortą galima patiekti šaltą arba šiltą.

Norėdami pagaminti padažą, nedideliame puode ant mažos ugnies sumaišykite cukrų, kukurūzų miltus, druską, muskato riešutą ir vandenį ir maišykite, kol gerai susimaišys. Virkite maišydami, kol mišinys taps tirštas ir skaidrus. Įmaišykite sviestą arba margariną ir citrinos sultis bei žievelę ir virkite, kol susimaišys. Patiekite ant meduolių.

Kavos meduoliai

Padarykite 20 cm/8 tortą

200 g/7 uncijos/1¾ puodeliai savaime kylančių (savaime kylančių) miltų

10 ml/2 šaukštelio malto imbiero

10 ml/2 šaukštelis tirpios kavos granulių

100 ml/4 fl uncijos/½ puodelio šilto vandens

100 g/4 uncijos/½ puodelio sviesto arba margarino

75 g/3 uncijos/¼ puodelio auksinio (šviesaus kukurūzų) sirupo

50 g/2 uncijos/¼ puodelio minkšto rudojo cukraus

2 kiaušiniai, sumušti

Sumaišykite miltus ir imbierą. Kavą ištirpinkite karštame vandenyje. Margariną, sirupą ir cukrų ištirpinkite kartu, tada įmaišykite į sausus ingredientus. Įmaišykite kavą ir kiaušinį. Supilkite į riebalais išteptą ir išklotą 20 cm/8 torto formą (skarda) ir kepkite iki 180°C įkaitintoje orkaitėje 40-45 minutes, kol gražiai iškils ir taps elastinga liesti.

Imbiero kremo pyragas

Padarykite 20 cm/8 tortą

175 g/6 uncijos/¾ puodelio sviesto arba margarino, suminkštinto

150 g / 5 uncijos / 2/3 puodelio minkšto rudojo cukraus

3 kiaušiniai, lengvai paplakti

175 g/6 uncijos/1½ puodeliai savaime kylančių (savaime kylančių) miltų

15 ml/1 valgomasis šaukštas malto imbiero Įdarui:

150 ml/¼ pt/2/3 puodelio dvigubos (sunkios) grietinėlės

15 ml/1 valgomasis šaukštas cukraus pudros (konditerinis cukrus), persijotas

5 ml/1 arbatinis šaukštelis malto imbiero

Sviestą arba margariną ir cukrų išmaišykite iki šviesios ir purios masės. Palaipsniui įmuškite kiaušinius, tada miltus ir imbierą ir gerai išmaišykite. Supilkite į dvi riebalais išteptas ir išklotas 20 cm/8 storio sumuštinių formeles ir kepkite iki 180°C/350°F/dujinės žymos 4 įkaitintoje orkaitėje 25 minutes, kol gražiai iškils ir taps elastingos liesti. Leiskite atvėsti.

Grietinėlę išplakite su cukrumi ir imbieru iki standumo, tada naudokite pyragams perlankstyti.

Liverpulio imbiero pyragas

Padarykite 20 cm/8 tortą

100 g/4 uncijos/½ puodelio sviesto arba margarino

100 g / 4 uncijos / ½ puodelio demerara cukraus

30 ml/2 šaukštai auksinio (šviesaus kukurūzų) sirupo

225 g/8 uncijos/2 puodeliai paprastų (universalių) miltų

2,5 ml/½ šaukštelio sodos bikarbonato (kepimo soda)

10 ml/2 šaukštelio malto imbiero

2 kiaušiniai, sumušti

225 g/8 uncijos/11/3 puodeliai sultonų (auksinių razinų)

50 g/2 uncijos/½ puodelio kristalizuoto (cukruoto) imbiero, malto

Ant silpnos ugnies ištirpinkite sviestą arba margariną su cukrumi ir sirupu. Nukelkite nuo ugnies ir įmaišykite sausus ingredientus bei kiaušinį ir gerai išmaišykite. Įmaišykite sultonus ir imbierą. Supilkite į riebalais išteptą ir išklotą 20 cm/8 kvadratinę torto formą (skarda) ir kepkite iki 150°C įkaitintoje orkaitėje 1,5 valandos, kol taps elastinga. Tortas gali šiek tiek paskęsti viduryje. Palikite atvėsti formoje.

Avižiniai imbieriniai sausainiai

Padarykite 35 x 23 cm/14 x 9 tortą

225 g/8 uncijos/2 puodeliai pilno grūdo (viso grūdo) miltų.

75 g/3 uncijos/¾ puodelio valcuotų avižų

5 ml/1 arbatinis šaukštelis sodos bikarbonatas (kepimo soda)

5 ml/1 arbatinis šaukštelis dantų akmenų grietinėlės

15 ml/1 valgomasis šaukštas malto imbiero

225 g/8 uncijos/1 puodelis sviesto arba margarino

225 g / 8 uncijos / 1 puodelis minkšto rudojo cukraus

Dubenyje sumaišykite miltus, avižas, sodos bikarbonatą, grietinę ir imbierą. Įtrinkite sviestą arba margariną, kol mišinys taps panašus į džiūvėsėlius. Įmaišykite cukrų. Tvirtai įspauskite mišinį į riebalais išteptą 35 x 23 cm/14 x 9 torto formą ir kepkite iki 160°C įkaitintoje orkaitėje 30 minučių iki auksinės rudos spalvos. Dar šiltą supjaustykite kvadratėliais ir palikite skardoje visiškai atvėsti.

Apelsininiai imbieriniai sausainiai

Padarykite 23 cm/9 tortą

450 g/1 svaras/4 puodeliai paprastų (universalių) miltų

5 ml/1 šaukštelis malto cinamono

2,5 ml/½ šaukštelio malto imbiero

2,5 ml/½ šaukštelio sodos bikarbonato (kepimo soda)

175 g/6 uncijos/2/3 puodelio sviesto arba margarino

175 g/6 uncijos/2/3 puodelio smulkaus cukraus (labai smulkus)

75 g / 3 uncijos / ½ puodelio glazūros (cukruotos) apelsino žievelės, kapotos

Nutarkuota ½ didelio apelsino žievelė ir sultys

175 g/6 uncijos/½ puodelio auksinio (šviesaus kukurūzų) sirupo, pašildytas

2 kiaušiniai, lengvai paplakti

Šiek tiek pieno

Sumaišykite miltus, prieskonius ir sodos bikarbonatą, tada įtrinkite sviestą arba margariną, kol mišinys taps panašus į džiūvėsėlius. Įmaišykite cukrų, apelsino žievelę ir žievelę ir centre padarykite duobutę. Sumaišykite apelsinų sultis ir pašildytą sirupą, tada įmaišykite kiaušinius, kol gausite minkštą, varvančią konsistenciją, jei reikia, įpilkite šiek tiek pieno. Gerai išplakite, tada šaukštu sudėkite į riebalais išteptą 23 cm/9 kvadratinę torto formą (skarda) ir kepkite iki 160°C/325°F/dujų žymeklio 3 įkaitintoje orkaitėje 1 valandą, kol gerai iškils ir taps elastinga liesti.

Lipnūs imbieriniai sausainiai

Padarykite 25 cm/10 tortą

275 g / 10 uncijos / 2½ puodeliai paprastų (universalių) miltų

10 ml/2 šaukštelio malto cinamono

5 ml/1 arbatinis šaukštelis sodos bikarbonatas (kepimo soda)

100 g/4 uncijos/½ puodelio sviesto arba margarino

175 g/6 uncijos/½ puodelio auksinio (šviesaus kukurūzų) sirupo

175 g/6 uncijos/½ puodelio juodojo sirupo (melasos)

100 g/4 uncijos/½ puodelio minkšto rudojo cukraus

2 kiaušiniai, sumušti

150 ml / ¼ pt / 2/3 puodelio šilto vandens

Sumaišykite miltus, cinamoną ir sodos bikarbonatą. Sviestą arba margariną ištirpinkite su sirupu, sirupu ir cukrumi ir supilkite į sausus ingredientus. Įmuškite kiaušinius, vandenį ir gerai išmaišykite. Supilkite į riebalais išteptą ir išklotą 25 cm/10 kvadratinę torto formą (formą). Kepkite iki 180 °C įkaitintoje orkaitėje 40–45 minutes, kol gražiai iškils ir taps elastinga liesti.

Pilno grūdo meduoliai

Padarykite 18 cm/7 tortą

100 g/4 uncijos/1 puodelis paprastų (universalių) miltų

100 g/4 uncijos/1 puodelis viso grūdo miltų (nesmulkintų kviečių).

50 g/2 uncijos/¼ puodelio minkšto rudojo cukraus

50 g/2 uncijos/1/3 puodelio sultonų (auksinių razinų)

10 ml/2 šaukštelio malto imbiero

5 ml/1 šaukštelis malto cinamono

5 ml/1 arbatinis šaukštelis sodos bikarbonatas (kepimo soda)

Žiupsnelis druskos

100 g/4 uncijos/½ puodelio sviesto arba margarino

30 ml/2 šaukštai auksinio (šviesaus kukurūzų) sirupo

30 ml/2 šaukštai juodojo sirupo (melasos)

1 kiaušinis, lengvai paplaktas

150 ml / ¼ pt / 2/3 puodelio pieno

Sumaišykite sausus ingredientus. Sviestą arba margariną ištirpinkite su sirupu ir sirupu ir įmaišykite į sausus kiaušinio ir pieno ingredientus. Supilkite į riebalais išteptą ir išklotą 18 cm/7 skersmens torto formą (skarda) ir kepkite iki 160°C įkaitintoje orkaitėje 3 1 valandą, kol taps šiek tiek elastinga.

Medaus ir migdolų pyragas

Padarykite 20 cm/8 tortą

250g/9oz morkų, sutarkuotų

65 g/2½ uncijos migdolų, smulkiai pjaustytų

2 kiaušiniai

100 g / 4 uncijos / 1/3 puodelio skaidraus medaus

60 ml/4 šaukštai aliejaus

150 ml / ¼ pt / 2/3 puodelio pieno

100 g/4 uncijos/1 puodelis viso grūdo miltų (nesmulkintų kviečių).

25 g/1 oz/¼ puodelio paprastų (universalių) miltų

10 ml/2 šaukštelio malto cinamono

2,5 ml/½ šaukštelio sodos bikarbonato (kepimo soda)

Žiupsnelis druskos

Lemon Icing Glajus

Keletas migdolų drožlių papuošimui

Sumaišykite morkas ir riešutus. Atskirame dubenyje išplakite kiaušinius, tada įmaišykite medų, aliejų ir pieną. Įmaišykite morkas ir riešutus, tada įmaišykite sausus ingredientus. Supilkite į riebalais išteptą ir išklotą 20 cm/8 torto formą (skarda) ir kepkite iki 150°C/300°F/gas mark 2 įkaitintoje orkaitėje 1–1¼ valandos, kol gerai iškils ir taps elastinga liesti. Prieš išversdami palikite atvėsti skardoje. Pabarstykite citrininiu glaistu, tada papuoškite migdolų drožlėmis.

Citrininis ledinis pyragas

Padarykite 18 cm/7 tortą

100 g/4 uncijos/½ puodelio sviesto arba margarino, suminkštinto

100 g/4 uncijos/½ puodelio smulkaus cukraus (labai smulkus).

2 kiaušiniai

100 g/4 uncijos/1 puodelis paprastų (universalių) miltų

50 g/2 uncijos/½ puodelio maltų ryžių

2,5 ml/½ šaukštelio kepimo miltelių

Nutarkuota 1 citrinos žievelė ir sultys

100 g/4 uncijos/2/3 puodelio glajaus (konditerių cukraus), išsijotas

Sviestą arba margariną ir cukrų išmaišykite iki šviesios ir purios masės. Po vieną įmuškite kiaušinius, kiekvieną kartą gerai išplakdami. Sumaišykite miltus, maltus ryžius, kepimo miltelius ir citrinos žievelę, tada įmaišykite į mišinį. Supilkite į riebalais išteptą ir išklotą 18 cm/7 skersmens torto formą (skarda) ir kepkite iki 180°C/350°F/dujinė žyma 4 įkaitintoje orkaitėje 1 valandą, kol taps elastinga. Išimkite iš formos ir palikite atvėsti.

Sumaišykite cukraus pudrą su trupučiu citrinos sulčių iki vientisos masės. Supilkite ant pyrago ir leiskite sustingti.

Ledinės arbatos žiedas

Tarnauja 4-6

150 ml / ¼ pt / 2/3 puodelio šilto pieno

2,5 ml/½ šaukštelio džiovintų mielių

25 g/1 uncijos/2 šaukštai cukranendrių cukraus (labai smulkus).

25 g/1 uncijos/2 šaukštai sviesto arba margarino

225 g/8 uncijos/2 puodeliai sunkių paprastų (duonos) miltų

1 plaktas kiaušinis Įdarui:

50 g/2 uncijos/¼ puodelio sviesto arba margarino, suminkštinto

50 g/2 uncijos/¼ puodelio maltų migdolų

50 g/2 uncijos/¼ puodelio minkšto rudojo cukraus

Užpilui:
100 g/4 uncijos/2/3 puodelio glajaus (konditerių cukraus), išsijotas

15 ml/1 valgomasis šaukštas šilto vandens

30 ml/2 šaukštai susmulkintų (pjaustytų) migdolų

Pieną supilkite ant mielių ir cukraus ir sumaišykite. Palikite šiltoje vietoje, kol suputos. Sviestą arba margariną įtrinkite į miltus. Įmaišykite mielių mišinį ir kiaušinį ir gerai išplakite. Dubenį uždenkite aliejumi patepta plėvele (plastikine plėvele) ir palikite šiltoje vietoje 1 val. Dar kartą minkykite, tada suformuokite maždaug stačiakampį. 30 x 23 cm. Tešlą ištepkite įdarui skirtu sviestu arba margarinu ir pabarstykite maltais migdolais bei cukrumi. Susukite į ilgą dešrelę ir suformuokite žiedą, kraštus uždenkite trupučiu vandens. Atpjaukite du trečdalius ritinio su maždaug. 3 cm/1½ intervalais ir dėkite ant riebalais ištepto kepimo popieriaus. Palikite šiltoje vietoje 20 minučių. Kepkite iki 200°C/425°F/dujų 7 įkaitintoje orkaitėje 15 minučių. Sumažinkite orkaitės temperatūrą iki 180°C/350°F/dujoms 4 dar 15 minučių.

Tuo tarpu sumaišykite cukraus pudrą ir vandenį, kad susidarytų glajus. Kai atvės, aptepkite pyragą ir papuoškite migdolų drožlėmis.

Lardy tortas

Padarykite 23 x 18 cm/9 x 7 tortą

15 g/½ uncijos šviežių mielių arba 20 ml/4 šaukštelio džiovintų mielių

5 ml/1 arbatinis šaukštelis cukranendrių cukraus (labai smulkus).

300 ml/½ pt/1¼ puodelio šilto vandens

150 g / 5 uncijos / 2/3 puodelio taukų (sutrumpinimas)

450 g/1 svaras/4 puodeliai stiprių (duonos) miltų

Žiupsnelis druskos

100 g/4 uncijos/2/3 puodelio sultonų (auksinių razinų)

100 g / 4 uncijos / 2/3 puodelio skaidraus medaus

Mieles sumaišykite su cukrumi ir šiek tiek šilto vandens ir palikite šiltoje vietoje 20 minučių, kol suputos.

Į miltus ir druską įtrinkite 25 g / 1 uncijos / 2 šaukštus taukų ir centre padarykite duobutę. Supilkite mielių mišinį ir likusį šiltą vandenį ir išmaišykite iki standžios tešlos. Minkykite iki vientisos ir elastingos masės. Dėkite į aliejumi pateptą dubenį, uždenkite aliejumi patepta plėvele (plastikine plėvele) ir palikite šiltoje vietoje apie 1 val., kol padvigubės.

Likusius lašinius supjaustykite kubeliais. Dar kartą minkykite tešlą, tada iškočiokite į maždaug stačiakampį. 35 x 23 cm. Viršutinius du trečdalius tešlos uždenkite trečdaliu lašinių, trečdaliu sultonų ir ketvirtadaliu tešlos. medus. Įprastą trečdalį tešlos užlenkite virš įdaro, tada viršutinį trečdalį užlenkite žemyn. Suspauskite kraštus, kad jie sutvirtėtų, tada pasukite tešlą ketvirtadaliu, kad užlenkimas būtų kairėje pusėje. Iškočiokite ir pakartokite procesą dar du kartus, kad sunaudotumėte visus lašinius ir sultonus. Dėkite ant riebalais ištepto kepimo popieriaus (torto popieriaus) ir ant viršaus peiliu pažymėkite kryžių. Uždenkite ir palikite šiltoje vietoje 40 minučių.

Kepkite iki 220°C/425°F/dujų žymos 7 įkaitintoje orkaitėje 40 minučių. Viršų apšlakstykite likusiu medumi ir palikite atvėsti.

Kmynų sėklų Lardy pyragas

Padarykite 23 x 18 cm/9 x 7 tortą

450 g/1 svaras Pagrindinė baltos duonos tešla

175 g / 6 uncijos / ¾ puodelio taukų (sutrumpinti), supjaustyti gabalėliais

175 g/6 uncijos/¾ puodelio smulkaus cukraus (labai smulkus).

15 ml/1 valgomasis šaukštas kmynų

Paruoškite tešlą, tada ant lengvai miltais pabarstyto paviršiaus iškočiokite į maždaug stačiakampį. 35 x 23 cm. Viršutinius du trečdalius tešlos pabarstykite puse kiaulienos taukų ir puse cukraus, tada sulenkite lygumą. trečdalį tešlos ir užlenkite viršų trečdalį žemyn. Tešlą pasukite ketvirtį apsisukimo, kad užlenkimas būtų kairėje pusėje, tada vėl iškočiokite ir lygiai taip pat pabarstykite likusiais taukais ir cukrumi bei kmynais. Dar kartą sulenkite, suformuokite taip, kad tilptų į kepimo formą (kepimo formą), o viršų supjaustykite rombo formomis. Uždenkite alyvuota plėvele (plastikine plėvele) ir palikite šiltoje vietoje apytiksliai. 30 minučių iki dvigubo dydžio.

Kepkite iki 200°C/400°F/6 dujų žymos įkaitintoje orkaitėje 1 valandą. Palikite atvėsti keptuvėje 15 minučių, kad riebalai susigertų į tešlą, tada išverskite ant grotelių, kad visiškai atvėstų.

Marmurinis pyragas

Padarykite 20 cm/8 tortą

175 g/6 uncijos/¾ puodelio sviesto arba margarino, suminkštinto

175 g/6 uncijos/¾ puodelio smulkaus cukraus (labai smulkus).

3 kiaušiniai, lengvai paplakti

225 g/8 uncijos/2 puodeliai savaime kylančių (savaime kylančių) miltų

Keli lašai migdolų esencijos (ekstrakto)

Keli lašai žalių maistinių dažų

Keli lašai raudonų maistinių dažų

Sviestą arba margariną ir cukrų išmaišykite iki šviesios ir purios masės. Palaipsniui įmuškite kiaušinius, tada įmaišykite miltus. Padalinkite mišinį į tris. Trečdalį įpilkite migdolų esencijos, trečdalį žalių maistinių dažų, o likusį trečdalį – raudonų maistinių dažų. Didelius šaukštus trijų mišinių pakaitomis supilkite į riebalais išteptą ir išklotą 20 cm/8 skersmens torto formą (skarda) ir kepkite iki 180°C/350°F/gas mark 4 įkaitintoje orkaitėje 45 minutes, kol gražiai iškils ir taps elastinga. prisilietimas.

Linkolnšyro sluoksninis pyragas

Padarykite 20 cm/8 tortą

175 g/6 uncijos/¾ puodelio sviesto arba margarino

350 g/12 uncijų/3 puodeliai paprastų (universalių) miltų

Žiupsnelis druskos

150 ml / ¼ pt / 2/3 puodelio pieno

15 ml/1 valgomasis šaukštas džiovintų mielių Įdarui:

225 g/8 uncijos/11/3 puodeliai sultonų (auksinių razinų)

225 g / 8 uncijos / 1 puodelis minkšto rudojo cukraus

25 g/1 uncijos/2 šaukštai sviesto arba margarino

2,5 ml/½ arbatinio šaukštelio maltos universalios

1 kiaušinis, atskirtas

Pusę sviesto arba margarino įtrinkite į miltus ir druską, kol masė taps panaši į džiūvėsėlius. Likusį sviestą arba margariną pakaitinkite su pienu, kol sušils, tada šiek tiek sumaišykite su mielėmis iki pastos. Mielių mišinį ir likusį pieną bei sviestą įmaišykite į miltų mišinį ir minkykite iki minkštos tešlos. Dėkite į aliejumi pateptą dubenį, uždenkite ir palikite šiltoje vietoje apie 1 val., kol padvigubės. Tuo tarpu visus įdarui skirtus ingredientus, išskyrus kiaušinio baltymą, sudėkite į keptuvę ant nedidelės ugnies ir leiskite ištirpti.

Ketvirtį tešlos iškočiokite iki 20 cm/8 apskritimo ir aptepkite trečdaliu įdaro. Pakartokite su likusiais tešlos kiekiais ir įdaru, ant viršaus uždėkite tešlos apskritimą. Aptepkite kraštus kiaušinio plakiniu ir užsandarinkite. Kepkite iki 190°C/375°F/5 dujų žymos įkaitintoje orkaitėje 20 minučių. Viršų aptepkite kiaušinio plakiniu ir grąžinkite į orkaitę dar 30 minučių, kol taps auksinės spalvos.

Duonos pyragas

Padaromas 900 g/2 svarų pyragas

175 g/6 uncijos/¾ puodelio sviesto arba margarino, suminkštinto

275 g/10 uncijų/1¼ puodeliai smulkaus cukraus (labai smulkus).

Nutarkuota žievelė ir ½ citrinos sultys

120 ml / ½ puodelio pieno

275 g/10 uncijos/2¼ puodeliai savaime kylančių (savaime kylančių) miltų

5 ml/1 šaukštelis druskos

5 ml/1 arbatinis šaukštelis kepimo miltelių

3 kiaušiniai

Cukraus glazūra (konditerinis) sijotas iki dulkių

Sviestą arba margariną, cukrų ir citrinos žievelę išmaišykite iki šviesios ir purios masės. Įmaišykite citrinos sultis ir pieną, tada įmaišykite miltus, druską ir kepimo miltelius ir išmaišykite iki vientisos masės. Palaipsniui įmuškite kiaušinius, kiekvieną kartą gerai išplakdami. Supilkite mišinį į riebalais išteptą ir išklotą 900 g/2 svarų kepimo formą ir kepkite iki 150°F/300°F/dujų žymės 2 įkaitintoje orkaitėje 1¼ valandos, kol taps elastinga. Palikite 10 minučių atvėsti skardoje, prieš išversdami, kad visiškai atvėstų ant grotelių. Patiekite apibarstę cukraus pudra.

Marmeladinis pyragas

Padarykite 18 cm/7 tortą

175 g/6 uncijos/¾ puodelio sviesto arba margarino, suminkštinto

175 g/6 uncijos/¾ puodelio smulkaus cukraus (labai smulkus).

3 kiaušiniai, atskirti

300 g/10 oz/2½ stiklinės savaime kylančių (savaime kylančių) miltų

45 ml/3 šaukštai tiršto marmelado

50 g/2 uncijos/1/3 puodelio susmulkintos mišrios (cukruotos) žievelės

Nutarkuota 1 apelsino žievelė

45 ml / 3 šaukštai vandens

Glajui (glaistui):

100 g/4 uncijos/2/3 puodelio glajaus (konditerių cukraus), išsijotas

1 apelsino sultys

Keletas griežinėlių kristalizuoto (cukruoto) apelsino

Sviestą arba margariną ir cukrų išmaišykite iki šviesios ir purios masės. Palaipsniui įmuškite kiaušinių trynius, tada 15 ml/1 valgomasis šaukštas miltų. Supilkite marmeladą, sumaišytą žievelę, apelsino žievelę ir vandenį, tada suberkite likusius miltus. Kiaušinių baltymus išplakite iki standžių putų, tada metaliniu šaukštu įmaišykite į masę. Supilkite į riebalais išteptą ir išklotą 18 cm/7 torto formą (skarda) ir kepkite iki 180°C įkaitintoje orkaitėje 1¼ valandos, kol gerai iškils ir taps elastinga liesti. Palikite atvėsti keptuvėje 5 minutes, tada išverskite ant grotelių, kad baigtumėte atvėsti.

Norėdami pagaminti glajų, į dubenį suberkite cukraus pudrą ir centre padarykite duobutę. Palaipsniui įpilkite pakankamai apelsinų sulčių, kad susidarytų plinta konsistencija. Supilkite ant pyrago ir šonų bei leiskite sukietėti. Papuoškite kristalizuoto apelsino griežinėliais.

Aguonų pyragas

Padarykite 20 cm/8 tortą

250 ml / 8 fl oz / 1 puodelis pieno

100 g/4 uncijos/1 puodelis aguonų

225 g/8 uncijos/1 puodelis sviesto arba margarino, suminkštinto

225 g / 8 uncijos / 1 puodelis minkšto rudojo cukraus

3 kiaušiniai, atskirti

100 g/4 uncijos/1 puodelis paprastų (universalių) miltų

100 g/4 uncijos/1 puodelis viso grūdo miltų (nesmulkintų kviečių).

5 ml/1 arbatinis šaukštelis kepimo miltelių

Nedidelėje keptuvėje su aguonomis užvirinkite pieną, tada nukelkite nuo ugnies, uždenkite ir palikite 30 min., kad brinktų. Sviestą arba margariną ir cukrų išmaišykite iki šviesiai ir purios masės. Palaipsniui įmaišykite kiaušinių trynius, tada suberkite miltus ir kepimo miltelius. Įmaišykite aguonas ir pieną. Kiaušinių baltymus išplakite iki standžių putų, tada metaliniu šaukštu įmaišykite į masę. Supilkite į riebalais išteptą ir išklotą 20 cm/8 skersmens torto formą ir kepkite iki 180°C įkaitintoje orkaitėje 1 valandą, kol į vidurį įsmeigtas iešmas išeis švarus. Palikite 10 minučių atvėsti keptuvėje, prieš išversdami, kad baigtumėte atvėsti ant grotelių.

Paprastas jogurtinis pyragas

Padarykite 23 cm/9 tortą

150 g/5 uncijos paprasto jogurto

150 ml / ¼ pt / 2/3 puodelio aliejaus

225 g/8 uncijos/1 puodelis smulkaus cukraus (labai smulkus).

225 g/8 uncijos/2 puodeliai savaime kylančių (savaime kylančių) miltų

10 ml/2 šaukštelio kepimo miltelių

2 kiaušiniai, sumušti

Sumaišykite visus ingredientus iki vientisos masės, tada supilkite į riebalais išteptą ir išklotą 23 cm/9 torto formą. Kepkite iki 160 °C įkaitintoje orkaitėje 1¼ valandos, kol taps elastinga. Palikite atvėsti formoje.

Slyvų ir kremo pyragas

Padarykite 23 cm/9 tortą

Įdarui:

150 g/5 uncijos/2/3 puodelio slyvų be kauliukų, stambiai pjaustytų

120 ml / ½ puodelio apelsinų sulčių

50 g/2 uncijos/¼ puodelio smulkaus cukraus (labai smulkus).

30 ml/2 šaukštai kukurūzų miltų (kukurūzų krakmolas)

175 ml/6 fl oz/¾ puodelio pieno

2 kiaušinių tryniai

Smulkiai tarkuota 1 apelsino žievelė

Dėl torto:

175 g/6 uncijos/¾ puodelio sviesto arba margarino, suminkštinto

225 g/8 uncijos/1 puodelis smulkaus cukraus (labai smulkus).

3 kiaušiniai, lengvai paplakti

200 g/7 uncijos/1¾ puodeliai paprastų (universalių) miltų

10 ml/2 šaukštelio kepimo miltelių

2,5 ml/½ šaukštelio tarkuoto muskato riešuto

75 ml / 5 šaukštai apelsinų sulčių

Pirmiausia pasigaminkite įdarą. Mirkykite slyvas apelsinų sultyse mažiausiai dvi valandas.

Sumaišykite cukrų ir kukurūzų miltus į pastą su trupučiu pieno. Keptuvėje užvirinkite likusį pieną. Supilkite cukrų ir kukurūzų miltus ir gerai išmaišykite, tada grįžkite į išplautą keptuvę ir įplakite kiaušinių trynius. Suberkite apelsino žievelę ir maišykite ant labai mažos ugnies, kol sutirštės, bet neleiskite kremui užvirti. Įdėkite puodą į dubenį su šaltu vandeniu ir retkarčiais pamaišykite, kol kremas atvės.

Norėdami pagaminti pyragą, sutrinkite sviestą arba margariną ir cukrų iki šviesios ir purios masės. Palaipsniui įmuškite kiaušinius, tada pakaitomis įmaišykite miltus, kepimo miltelius ir muskato riešutą su apelsinų sultimis. Pusę tešlos supilkite į riebalais išteptą 23 cm/9 torto formą, tada viršų paskleiskite kremu, palikdami tarpą aplink kraštą. Ant kremo užpilkite džiovintas slyvas ir mirkymo sultis, tada uždenkite likusiu pyrago mišiniu ir įsitikinkite, kad pyrago mišinys šonuose įsilieja į įdarą ir įdaras yra visiškai padengtas. Kepkite iki 200°C įkaitintoje orkaitėje 35 minutes, kol taps auksinės rudos spalvos ir susitrauks nuo skardos kraštų. Prieš išversdami palikite atvėsti skardoje.

Aviečių banguotas pyragas su šokoladiniu glaistu

Padarykite 20 cm/8 tortą

175 g/6 uncijos/¾ puodelio sviesto arba margarino, suminkštinto

175 g/6 uncijos/¾ puodelio smulkaus cukraus (labai smulkus).

3 kiaušiniai, lengvai paplakti

225 g/8 uncijos/2 puodeliai savaime kylančių (savaime kylančių) miltų

100 g/4 uncijos aviečių Glaistui (glaistui) ir papuošimui:

Baltojo šokolado sviestinio kremo glaistymas

100 g/4 uncijos/1 puodelis paprasto (pusiau saldaus) šokolado

Sviestą arba margariną ir cukrų išmaišykite iki šviesios ir purios masės. Palaipsniui įmuškite kiaušinius, tada įmaišykite miltus. Avietes sutrinkite, tada pertrinkite per sietelį, kad pašalintumėte sėklas. Supilkite tyrę į pyrago mišinį, kad ji per mišinį iškristų ir nesimaišytų. Supilkite į riebalais išteptą ir 20 cm/8 storio torto formą (skarda) ir kepkite iki 180°C/350° įkaitintoje orkaitėje. F/dujinis ženklas 4 45 minutes, kol gerai pakils ir taps elastingas liesti. Perkelkite ant grotelių, kad atvėstų.

Tortą aptepkite sviestiniu glaistu ir šakute išpurenkite paviršių. Šokoladą ištirpinkite karščiui atspariame dubenyje virš puodo su lengvai verdančiu vandeniu. Paskleiskite ant kepimo popieriaus gabalo ir palikite, kol beveik sustings. Aštriu peiliu nubraukite šokolado paviršių, kad susidarytumėte garbanas. Naudokite torto viršaus papuošimui.

Trapios tešlos pyragas

Padarykite 20 cm/8 tortą

75 g/3 uncijos/1/3 puodelio sviesto arba margarino, suminkštinto

75 g/3 uncijos/1/3 puodelio smulkaus cukraus (labai smulkus).

2 kiaušiniai, lengvai paplakti

100 g / 4 uncijos / 1 puodelis kukurūzų miltų (kukurūzų krakmolo)

25 g/1 oz/¼ puodelio paprastų (universalių) miltų

5 ml/1 arbatinis šaukštelis kepimo miltelių

50 g/2 uncijos/½ puodelio kapotų sumaišytų riešutų

Sviestą arba margariną ir cukrų išmaišykite iki šviesios ir purios masės. Palaipsniui įmuškite kiaušinius, tada įmaišykite kukurūzų miltus, miltus ir kepimo miltelius. Supilkite mišinį į riebalais išteptą 20 cm/8 kvadratinę torto formą (kepimo formą) ir pabarstykite smulkintais riešutais. Kepkite iki 180°C įkaitintoje orkaitėje 1 valandą, kol taps elastinga.

Varlių pyragas

Padarykite 18 cm/7 tortą

100 g/4 uncijos/½ puodelio sviesto arba margarino, suminkštinto

100 g/4 uncijos/½ puodelio smulkaus cukraus (labai smulkus).

2 kiaušiniai, lengvai paplakti

225 g/8 uncijos/2 puodeliai paprastų (universalių) miltų

25 g/1 oz/¼ puodelio kmynų

5 ml/1 arbatinis šaukštelis kepimo miltelių

Žiupsnelis druskos

45 ml/3 šaukštai pieno

Sviestą arba margariną ir cukrų išmaišykite iki šviesios ir purios masės. Palaipsniui įmuškite kiaušinius, tada įmaišykite miltus, kmynus, kepimo miltelius ir druską. Įmaišykite tiek pieno, kad gautųsi varvančios konsistencijos. Supilkite į riebalais išteptą ir išklotą 18 cm/7 skersmens torto formą (skarda) ir kepkite iki 200°C įkaitintoje orkaitėje 1 valandą, kol taps elastinga ir pradės trauktis nuo torto šonų. skarda .

Prieskonių žiedinis pyragas

Padarykite 23 cm/9 žiedą

1 obuolys, nuluptas, nuluptas ir tarkuotas

30 ml/2 šaukštai citrinos sulčių

25 g / 8 uncijos / 1 puodelis minkšto rudojo cukraus

5 ml/1 arbatinis šaukštelis malto imbiero

5 ml/1 šaukštelis malto cinamono

2,5 ml/½ šaukštelio sumaišytų (obuolių pyrago) prieskonių

225 g/8 uncijos/2/3 puodelio auksinio (šviesaus kukurūzų) sirupo

250 ml/8 fl oz/1 puodelis aliejaus

10 ml/2 šaukštelio kepimo miltelių

400 g / 14 uncijos / 3½ puodeliai paprastų (universalių) miltų

10 ml/2 šaukštelis sodos bikarbonato (kepimo soda)

250 ml/8 fl oz/1 puodelis karštos stiprios arbatos

1 kiaušinis, sumuštas

Cukraus glazūra (konditerinis) sijotas iki dulkių

Sumaišykite obuolių ir citrinų sultis. Įmaišykite cukrų ir prieskonius, tada sirupą ir aliejų. Į miltus suberkite kepimo miltelius, o į karštą arbatą – sodos bikarbonatą. Juos pakaitomis įmaišykite į mišinį, tada įmaišykite kiaušinį. Supilkite į riebalais išteptą ir išklotą 23 cm/9 skersmens giliažiedę torto formą (skarda) ir kepkite iki 180°C/350°F/dujų žymė 4 įkaitintoje orkaitėje 1 valandą, kol taps elastinga. Palikite 10 minučių atvėsti keptuvėje, tada išverskite ant grotelių, kad baigtumėte atvėsti. Patiekite apibarstę cukraus pudra.

Prieskonių sluoksniuotas pyragas

Padarykite 23 cm/9 tortą

100 g/4 uncijos/½ puodelio sviesto arba margarino, suminkštinto

100 g / 4 uncijos / ½ puodelio granuliuoto cukraus

100 g/4 uncijos/½ puodelio minkšto rudojo cukraus

2 kiaušiniai, sumušti

175 g/6 uncijos/1½ puodelio paprastų (universalių) miltų

5 ml/1 arbatinis šaukštelis kepimo miltelių

5 ml/1 šaukštelis malto cinamono

2,5 ml/½ šaukštelio sodos bikarbonato (kepimo soda)

2,5 ml/½ šaukštelio sumaišytų (obuolių pyrago) prieskonių

Žiupsnelis druskos

200 ml / 7 fl oz / mažas 1 puodelis konservuoto išgarinto pieno

Citrininio sviesto glajus

Sviestą arba margariną ir cukrų išmaišykite iki šviesios ir purios masės. Palaipsniui įmuškite kiaušinius, tada įmaišykite sausus ingredientus ir išgarintą pieną ir išmaišykite iki vientisos masės. Supilkite į dvi riebalais išteptas ir išklotas 23 cm/9 torto formas ir kepkite iki 180°C/350°F/dujinės žymos 4 įkaitintoje orkaitėje 30 minučių, kol taps elastingas. Leiskite atvėsti, tada aptepkite citrininio sviesto glaistu.

Cukraus ir cinamono pyragas

Padarykite 23 cm/9 tortą

175 g/6 uncijos/1½ puodeliai savaime kylančių (savaime kylančių) miltų

10 ml/2 šaukštelio kepimo miltelių

Žiupsnelis druskos

175 g/6 uncijos/¾ puodelio smulkaus cukraus (labai smulkus).

50 g/2 uncijos/¼ puodelio sviesto arba margarino, ištirpinto

1 kiaušinis, lengvai paplaktas

120 ml / ½ puodelio pieno

2,5 ml/½ šaukštelio vanilės esencijos (ekstraktas)

Užpilui:

50 g/2 uncijos/¼ puodelio sviesto arba margarino, ištirpinto

50 g/2 uncijos/¼ puodelio minkšto rudojo cukraus

2,5 ml/½ šaukštelio malto cinamono

Suplakite visus pyrago ingredientus iki vientisos masės ir gerai susimaišys. Supilkite į riebalais išteptą 23 cm/9 torto formą (skarda) ir kepkite iki 180°C/350°F/dujų žymė 4 įkaitintoje orkaitėje 25 minutes, kol taps auksinės spalvos. Karštą pyragą aptepkite sviestu. Sumaišykite cukrų ir cinamoną ir pabarstykite ant viršaus. Grąžinkite pyragą į orkaitę dar 5 minutėms.

Viktorijos laikų arbatos pyragas

Padarykite 20 cm/8 tortą

225 g/8 uncijos/1 puodelis sviesto arba margarino, suminkštinto

225 g/8 uncijos/1 puodelis smulkaus cukraus (labai smulkus).

225 g/8 uncijos/2 puodeliai savaime kylančių (savaime kylančių) miltų

25 g/1 oz/¼ puodelio kukurūzų miltų (kukurūzų krakmolo)

30 ml/2 šaukštai kmynų

5 kiaušiniai, atskirti

Granuliuotas cukrus pabarstymui

Sviestą arba margariną ir cukrų išmaišykite iki šviesiai ir purios masės. Supilkite miltus, kukurūzų miltus ir kmynus. Išplakite kiaušinių trynius ir įmaišykite juos į mišinį. Kiaušinių baltymus išplakite iki standžių putų, tada atsargiai metaliniu šaukštu įmaišykite į masę. Supilkite į riebalais išteptą ir išklotą 20cm/8 torto formą (keptuvą) ir pabarstykite cukrumi. Kepkite iki 180°C įkaitintoje orkaitėje 1,5 valandos, kol taps auksinės rudos spalvos ir pradės trauktis nuo skardos kraštų.

„Viskas viename" vaisių pyragas

Padarykite 20 cm/8 tortą

175 g/6 uncijos/¾ puodelio sviesto arba margarino, suminkštinto

175 g/6 uncijos/¾ puodelio minkšto rudojo cukraus

3 kiaušiniai

15 ml/1 valgomasis šaukštas auksinio (šviesaus kukurūzų) sirupo

100 g/4 uncijos/½ puodelio glazūruotų (cukruotų) vyšnių

100 g/4 uncijos/2/3 puodelio sultonų (auksinių razinų)

100 g/4 uncijos/2/3 puodelio razinų

225 g/8 uncijos/2 puodeliai savaime kylančių (savaime kylančių) miltų

10 ml/2 arb. maltų mišrių (obuolių pyrago) prieskonių

Visus ingredientus sudėkite į dubenį ir išplakite iki vientisos masės arba apdorokite virtuviniu kombainu. Supilkite į riebalais išteptą ir išklotą 20 cm/8 skersmens torto formą (skarda) ir kepkite iki 160°C/325°F/dujų žymės 3 įkaitintoje orkaitėje 1,5 valandos, kol į vidurį įsmeigtas iešmas bus švarus. Palikite skardoje 5 minutes, tada išverskite ant grotelių, kad baigtumėte atvėsti.

„Viskas viename" vaisių pyragas

Padarykite 20 cm/8 tortą

350 g / 12 uncijos / 2 puodeliai džiovintų mišrių vaisių (vaisių pyrago mišinys)

100 g/4 uncijos/½ puodelio sviesto arba margarino

100 g/4 uncijos/½ puodelio minkšto rudojo cukraus

150 ml / ¼ pt / 2/3 puodelio vandens

2 dideli kiaušiniai, sumušti

225 g/8 uncijos/2 puodeliai savaime kylančių (savaime kylančių) miltų

5 ml/1 arbatinis šaukštelis sumaišytų (obuolių pyrago) prieskonių

Į keptuvę suberkite vaisius, sviestą arba margariną, cukrų ir vandenį, užvirinkite ir troškinkite 15 minučių. Leiskite atvėsti. Įmaišykite šaukštus kiaušinių pakaitomis su miltais ir sumaišytais prieskoniais ir gerai išmaišykite. Supilkite į riebalais išteptą 20 cm/8 skersmens torto formą (skarda) ir kepkite iki 140°C įkaitintoje orkaitėje 1–1,5 valandos, kol į vidurį įsmeigtas iešmas išeis švarus.

Australijos vaisių pyragas

Padaromas 900 g/2 svarų pyragas

100 g/4 uncijos/½ puodelio sviesto arba margarino

225 g / 8 uncijos / 1 puodelis minkšto rudojo cukraus

250 ml / 8 fl oz / 1 puodelis vandens

350 g / 12 uncijos / 2 puodeliai džiovintų mišrių vaisių (vaisių pyrago mišinys)

5 ml/1 arbatinis šaukštelis sodos bikarbonatas (kepimo soda)

10 ml/2 arb. maltų mišrių (obuolių pyrago) prieskonių

5 ml/1 arbatinis šaukštelis malto imbiero

100 g/4 uncijos/1 puodelis savaime kylančių (savaime kylančių) miltų

100 g/4 uncijos/1 puodelis paprastų (universalių) miltų

1 kiaušinis, sumuštas

Keptuvėje išvirkite visus ingredientus, išskyrus miltus ir kiaušinius. Nukelkite nuo ugnies ir leiskite atvėsti. Įmaišykite miltus ir kiaušinius. Sudėkite mišinį į riebalais išteptą ir išklotą 900 g/2 svarų kepimo formą ir kepkite iki 160°C/325°F/dujų žymeklio 3 įkaitintoje orkaitėje 1 valandą, kol gerai pakils ir į vidurį įsmeigtas iešmas išeis. išvalytas.

Amerikietiškas sotus pyragas

Padarykite 25 cm/10 tortą

225 g / 8 uncijos / 1 1/3 puodeliai serbentų

100 g/4 uncijos/1 puodelis blanširuotų migdolų

15 ml/1 valgomasis šaukštas apelsinų žiedų vandens

45 ml/3 šaukštai sauso šerio

1 didelis kiaušinio trynys

2 kiaušiniai

350 g/1½ stiklinės sviesto arba margarino, suminkštinto

175 g/6 uncijos/¾ puodelio smulkaus cukraus (labai smulkus).

Žiupsnelis maltų makalų

Žiupsnelis malto cinamono

Žiupsnelis maltų gvazdikėlių

Žiupsnelis malto imbiero

Žiupsnelis tarkuoto muskato riešuto

30 ml/2 šaukštai konjako

225 g/8 uncijos/2 puodeliai paprastų (universalių) miltų

50 g/2 uncijos/½ puodelio susmulkintos mišrios (cukruotos) žievelės

Serbentus 15 minučių pamirkykite šiltame vandenyje, tada gerai nusausinkite. Migdolus sutrinkite su apelsinų žiedų vandeniu ir 15 ml/1 šaukštu šerio iki smulkios masės. Kiaušinio trynį ir kiaušinį išplakti kartu. Sumaišykite sviestą arba margariną ir cukrų, tada įmaišykite migdolų mišinį ir kiaušinius ir plakite iki baltumo ir tirštos masės. Suberkite prieskonius, likusį šerį ir brendį. Įmaišykite miltus, tada įmaišykite serbentus ir sumaišytą žievelę. Supilkite į riebalais išteptą 25 cm/10 torto formą ir kepkite iki

180°C/350°F/dujų žymeklio 4 įkaitintoje orkaitėje apytiksliai. 1 valandą, kol į centrą įsmeigtas iešmas išeis švarus.

Carob vaisių pyragas

Padarykite 18 cm/7 tortą

450 g / 1 svaras / 2 2/3 puodeliai razinų

300 ml/½ pt/1¼ puodelio apelsinų sulčių

175 g/6 uncijos/¾ puodelio sviesto arba margarino, suminkštinto

3 kiaušiniai, lengvai paplakti

225 g/8 uncijos/2 puodeliai paprastų (universalių) miltų

75 g/3 uncijos/¾ puodelio karobų miltelių

10 ml/2 šaukštelio kepimo miltelių

Nutarkuota 2 apelsinų žievelė

50 g / 2 uncijos / ½ puodelio graikinių riešutų, susmulkintų

Razinas per naktį pamirkykite apelsinų sultyse. Sumaišykite sviestą arba margariną ir kiaušinius iki vientisos masės. Palaipsniui įmaišykite razinas ir apelsinų sultis bei likusius ingredientus. Supilkite į riebalais išteptą ir išklotą 18 cm/7 torto formą (formą) ir kepkite iki 180°C/350°F/dujų žymeklio 4 įkaitintoje orkaitėje 30 minučių, tada sumažinkite orkaitės temperatūrą iki 160°C/325°F/ dujų žymą 3 dar 1¼ valandos, kol į centrą įkištas iešmas išeis švarus. Palikite 10 minučių atvėsti keptuvėje, tada išverskite ant grotelių, kad baigtumėte atvėsti.

Kava Vaisių pyragas

Padarykite 25 cm/10 tortą

450 g / 1 svaras / 2 puodeliai cukraus pudros (labai smulkus).

450 g / 1 svaras / 2 puodeliai datulių be kauliukų, pjaustytų

450 g / 1 svaras / 22/3 puodeliai razinų

450 g/1 svaras/22/3 puodeliai sultonų (auksinių razinų)

100 g / 4 uncijos / ½ puodelio glace (cukruotų) vyšnių, kapotų

100 g / 4 uncijos / 1 puodelis kapotų sumaišytų riešutų

450 ml/¾ pt/2 puodeliai stiprios juodos kavos

120 ml/4 fl uncijos/½ puodelio aliejaus

100 g/4 uncijos/1/3 puodelio auksinio (šviesaus kukurūzų) sirupo

10 ml/2 šaukštelio malto cinamono

5 ml/1 arbatinis šaukštelis tarkuoto muskato riešuto

Žiupsnelis druskos

10 ml/2 šaukštelis sodos bikarbonato (kepimo soda)

15 ml/1 valgomasis šaukštas vandens

2 kiaušiniai, lengvai paplakti

450 g/1 svaras/4 puodeliai paprastų (universalių) miltų

120 ml / 4 fl uncijos / ½ puodelio šerio arba brendžio

Sunkioje keptuvėje užvirinkite visus ingredientus, išskyrus sodos bikarbonatą, vandenį, kiaušinius, miltus ir cheresą arba brendį. Virkite 5 minutes nuolat maišydami, tada nukelkite nuo ugnies ir leiskite atvėsti.

Sumaišykite sodos bikarbonatą su vandeniu ir supilkite vaisių mišinį su kiaušiniu ir miltais. Supilkite į riebalais išteptą ir išklotą 25 cm/10 torto formą (skarda) ir aplink išorę suriškite dvigubą riebalams atsparaus (vaškuoto) popieriaus sluoksnį, kad jis stovėtų virš formos viršaus. Kepkite iki 160°C/325°F/dujų žymeklio 3 įkaitintoje orkaitėje 1 valandą. Sumažinkite orkaitės temperatūrą iki 150°C/300°F/dujų žymės 2 ir kepkite dar 1 valandą. Sumažinkite orkaitės temperatūrą iki 140°C/275°F/dujų žymė 1 ir kepkite trečią valandą. Vėl sumažinkite orkaitės temperatūrą iki 120°C/250°F/dujų žymės ½ ir kepkite paskutinę valandą, jei pyrago viršus pradėtų per daug ruduoti, padengti riebalams atspariu (vaškuotu) popieriumi. Iškepus, į centrą įsmeigtas iešmas išeis švarus ir pyragas pradės trauktis nuo keptuvės kraštų.

Sunkusis Kornvalio pyragas

Padaromas 900 g/2 svarų pyragas

350 g/12 uncijų/3 puodeliai paprastų (universalių) miltų

2,5 ml / ½ šaukštelio druskos

175 g / 6 uncijos / ¾ puodelio taukų (sutrumpinimas)

75 g/3 uncijos/1/3 puodelio smulkaus cukraus (labai smulkus).

175 g / 6 uncijos / 1 puodelis serbentų

Šiek tiek pjaustytos mišrios (cukruotos) žievelės (nebūtina)

Apie 150 ml/¼ pt/2/3 puodelio pieno ir vandens mišinio

1 kiaušinis, sumuštas

Į dubenį suberkite miltus ir druską, tada įtrinkite taukus, kol masė taps panaši į džiūvėsėlius. Įmaišykite likusius sausus ingredientus. Palaipsniui įpilkite pieno ir vandens tiek, kad susidarytų standi tešla. Nereikia labai daug. Ant riebalais išteptos kepimo skardos iškočiokite maždaug 1 cm/½ storio. Stiklinės su plaktu kiaušiniu. Ant viršaus peilio galu nupieškite kryžminį raštą. Kepkite iki 160°C/325°F/dujų žymės 3 įkaitintoje orkaitėje apytiksliai. 20 minučių iki auksinės spalvos. Palikite atvėsti, tada supjaustykite kvadratėliais.

Serbentų pyragas

Padarykite 23 cm/9 tortą

225 g/8 uncijos/1 puodelis sviesto arba margarino

300 g / 11 uncijos / 1½ puodelio cukraus pudros (labai smulkus).

Žiupsnelis druskos

100 ml / 6½ šaukštai verdančio vandens

3 kiaušiniai

400 g / 14 uncijos / 3½ puodeliai paprastų (universalių) miltų

175 g / 6 uncijos / 1 puodelis serbentų

50 g/2 uncijos/½ puodelio susmulkintos mišrios (cukruotos) žievelės

100 ml / 6½ šaukštai šalto vandens

15 ml/1 valgomasis šaukštas kepimo miltelių

Į dubenį suberkite sviestą arba margariną, cukrų ir druską, užpilkite verdančiu vandeniu ir palikite, kol suminkštės. Greitai plakite iki šviesios ir kreminės masės. Palaipsniui įmuškite kiaušinius, tada pakaitomis su šaltu vandeniu įmaišykite miltus, serbentus ir sumaišytą žievelę. Įmaišykite kepimo miltelius. Tešlą supilkite į riebalais išteptą 23 cm/9 skersmens torto formą (skarda) ir kepkite iki 180°C/350°F/dujų ženklo 4 įkaitintoje orkaitėje 30 minučių. Sumažinkite orkaitės temperatūrą iki 150°C/300°F/dujų žymė 2 ir kepkite dar 40 minučių, kol į vidurį įsmeigtas iešmas išeis švarus. Palikite 10 minučių atvėsti keptuvėje, prieš išversdami, kad baigtumėte atvėsti ant grotelių.

Tamsus vaisių pyragas

Padarykite 25 cm/10 tortą

225 g / 8 uncijos / 1 puodelis kapotų mišrių glazūruotų (cukruotų) vaisių

350 g/12 uncijų/2 puodeliai datulių be kauliukų, pjaustytų

225 g/8 uncijos/11/3 puodeliai razinų

225 g/8 uncijos/1 puodelis glazūruotų (cukruotų) vyšnių, susmulkintų

100 g/4 uncijos/½ puodelio glazūruotų (cukruotų) ananasų, pjaustytų

100 g / 4 uncijos / 1 puodelis kapotų sumaišytų riešutų

225 g/8 uncijos/2 puodeliai paprastų (universalių) miltų

5 ml/1 arbatinis šaukštelis sodos bikarbonatas (kepimo soda)

5 ml/1 šaukštelis malto cinamono

2,5 ml/½ arbatinio šaukštelio universalus

1,5 ml/¼ šaukštelio maltų gvazdikėlių

1,5 ml / ¼ šaukštelio druskos

225 g / 8 uncijos / 1 puodelis taukų (sutrumpinimas)

225 g / 8 uncijos / 1 puodelis minkšto rudojo cukraus

3 kiaušiniai

175 g/6 uncijos/½ puodelio juodojo sirupo (melasos)

2,5 ml/½ šaukštelio vanilės esencijos (ekstraktas)

120 ml / 4 fl uncijos / ½ puodelio pasukų

Sumaišykite vaisius ir riešutus. Sumaišykite miltus, sodos bikarbonatą, prieskonius ir druską ir įmaišykite 50 g/½ puodelio į vaisius. Išmaišykite kiaulinius taukus ir cukrų iki šviesios ir purios masės. Palaipsniui įmuškite kiaušinius, kiekvieną kartą gerai išplakdami. Įmaišykite sirupą ir vanilės esenciją. Pakaitomis sumaišykite pasukas su likusiu miltų mišiniu ir plakite iki vientisos masės. Įmaišykite vaisius. Supilkite į riebalais išteptą ir išklotą 25 cm/10 torto formą (skarda) ir kepkite iki 140°C/275°F/dujų žymė 1 įkaitintoje orkaitėje 2½ valandos, kol į centrą įsmeigtas iešmas išeis švarus. Palikite 10 minučių atvėsti keptuvėje, tada išverskite ant grotelių, kad baigtumėte atvėsti.

Supjaustykite ir ateikite dar kartą pyragas

Padarykite 20 cm/8 tortą

275 g/10 uncijų/1 2/3 puodelių džiovintų vaisių mišinio (vaisių pyrago mišinys)

100 g/4 uncijos/½ puodelio sviesto arba margarino

150 ml / ¼ pt / 2/3 puodelio vandens

1 kiaušinis, sumuštas

225 g/8 uncijos/2 puodeliai paprastų (universalių) miltų

Žiupsnelis druskos

100 g/4 uncijos/½ puodelio smulkaus cukraus (labai smulkus).

Į keptuvę sudėkite vaisius, sviestą arba margariną ir vandenį ir troškinkite 20 minučių. Leiskite atvėsti. Įmuškite kiaušinį ir palaipsniui įmaišykite miltus, druską ir cukrų. Supilkite į riebalais išteptą 20 cm/8 torto formą (skarda) ir kepkite iki 160°C/325°F/gas mark 3 įkaitintoje orkaitėje 1¼ valandos, kol į vidurį įsmeigtas iešmas išeis švarus.

Dandžio pyragas

Padarykite 20 cm/8 tortą

225 g/8 uncijos/1 puodelis sviesto arba margarino, suminkštinto

225 g/8 uncijos/1 puodelis smulkaus cukraus (labai smulkus).

4 dideli kiaušiniai

225 g/8 uncijos/2 puodeliai paprastų (universalių) miltų

Žiupsnelis druskos

350 g / 12 uncijos / 2 puodeliai serbentų

350 g/12 uncijų/2 puodeliai sultonų (auksinių razinų)

175 g/6 uncijos/1 puodelis susmulkintos mišrios (cukruotos) žievelės

100 g/4 uncijos/1 puodelis glazūruotų (cukruotų) vyšnių, supjaustytų ketvirčiais

Nutarkuota ½ citrinos žievelė

50 g/2 uncijos sveikų migdolų, blanširuotų

Sumaišykite sviestą ir cukrų iki šviesios ir šviesios masės. Po vieną įmuškite kiaušinius, gerai išplakdami tarp kiekvieno pridėjimo. Suberkite miltus ir druską. Įmaišykite vaisius ir citrinos žievelę. Susmulkinkite pusę migdolų ir suberkite į mišinį. Supilkite į riebalais išteptą ir išklotą 20 cm/8 torto formą (skarda) ir aplink formos išorę suriškite rudo popieriaus juostą, kad ji būtų apie 5 cm aukščiau už formą. Padalinkite rezervuotus migdolus ir išdėliokite juos koncentriniais apskritimais ant pyrago viršaus. Kepkite iki 150°C įkaitintoje orkaitėje 3,5 valandos, kol į vidurį įsmeigtas iešmas išeis švarus. Patikrinkite po 2½ valandos ir, jei pyrago viršus pradeda per daug ruduoti, uždenkite drėgnu riebalams atspariu popieriumi (vaškuotu) ir paskutinę kepimo valandą sumažinkite orkaitės temperatūrą iki 140°C/275°F/dujų žymė 1.

Vaisinis pyragas be kiaušinių per naktį

Padarykite 20 cm/8 tortą

50 g/2 uncijos/¼ puodelio sviesto arba margarino

225 g/8 uncijos/2 puodeliai savaime kylančių (savaime kylančių) miltų

5 ml/1 arbatinis šaukštelis sodos bikarbonatas (kepimo soda)

5 ml/1 arbatinis šaukštelis tarkuoto muskato riešuto

5 ml/1 arbatinis šaukštelis sumaišytų (obuolių pyrago) prieskonių

Žiupsnelis druskos

225 g/8 uncijos/11/3 puodeliai džiovintų vaisių mišinio (vaisių pyrago mišinys)

100 g/4 uncijos/½ puodelio minkšto rudojo cukraus

250 ml / 8 fl oz / 1 puodelis pieno

Sviestą arba margariną įtrinkite į miltus, sodos bikarbonatą, prieskonius ir druską, kol masė taps panaši į džiūvėsėlius. Sumaišykite vaisius ir cukrų, tada įmaišykite pieną, kol visi ingredientai gerai susimaišys. Uždenkite ir palikite per naktį.

Supilkite mišinį į riebalais išteptą ir išklotą 20 cm/8 skersmens torto formą ir kepkite iki 180°C įkaitintoje orkaitėje 1¾ valandos, kol į centrą įsmeigtas iešmas išeis švarus.

Neprotingas vaisių pyragas

Padarykite 23 cm/9 tortą

225 g/8 uncijos/1 puodelis sviesto arba margarino

200 g / 7 uncijos / mažas 1 puodelis smulkaus (labai smulkaus) cukraus

175 g / 6 uncijos / 1 puodelis serbentų

175 g/6 uncijos/1 puodelis sultonų (auksinių razinų)

50 g/2 uncijos/½ puodelio susmulkintos mišrios (cukruotos) žievelės

75 g/3 uncijos/½ puodelio datulių be kauliukų, susmulkintų

5 ml/1 arbatinis šaukštelis sodos bikarbonatas (kepimo soda)

200 ml / 7 fl oz / mažas 1 puodelis vandens

75 g/2 uncijos/¼ puodelio glazūruotų (cukruotų) vyšnių, susmulkintų

100 g / 4 uncijos / 1 puodelis kapotų sumaišytų riešutų

60 ml/4 šaukštai konjako arba šerio

300 g / 11 uncijos / 2¾ puodeliai paprastų (universalių) miltų

5 ml/1 arbatinis šaukštelis kepimo miltelių

Žiupsnelis druskos

2 kiaušiniai, lengvai paplakti

Ištirpinkite sviestą arba margariną, tada įmaišykite cukrų, serbentus, sultonus, sumaišytą žievelę ir datules. Sumaišykite sodos bikarbonatą su dalimi vandens ir įmaišykite į vaisių mišinį su likusiu vandeniu. Užvirinkite, tada virkite 20 minučių, retkarčiais pamaišydami. Uždenkite ir palikite per naktį.

Ištepkite riebalais ir išklokite 23 cm/9 skersmens torto formą (skarda) ir suriškite dvigubą riebalams atsparaus (vaškuoto) arba rudo popieriaus sluoksnį, kad jis stovėtų virš formos viršaus. Į mišinį įmaišykite vyšnias, riešutus ir brendį arba šerį, tada įmaišykite miltus, kepimo miltelius ir druską. Įmuškite kiaušinius.

Supilkite į paruoštą torto formą ir kepkite iki 160°C/325°F/dujų žymeklio 3 įkaitintoje orkaitėje 1 valandą. Sumažinkite orkaitės temperatūrą iki 140°C/275°F/dujų ženklo 1 ir kepkite dar 1 valandą. Vėl sumažinkite orkaitės temperatūrą iki 120°C/250°F/dujų žymė ½ ir kepkite dar 1 valandą, kol į centrą įsmeigtas iešmas išeis švarus. Jei pyrago viršus per daug paruduoja, į kepimo pabaigą uždenkite riebalinio popieriaus apskritimą arba rudą popierių. Atvėsinkite keptuvėje 30 minučių, tada išverskite ant grotelių, kad baigtumėte atvėsti.

Imbiero vaisių pyragas

Padarykite 18 cm/7 tortą

100 g/4 uncijos/½ puodelio sviesto arba margarino, suminkštinto

100 g/4 uncijos/½ puodelio smulkaus cukraus (labai smulkus).

2 kiaušiniai, lengvai paplakti

30 ml/2 šaukštai pieno

225 g/8 uncijos/2 puodeliai savaime kylančių (savaime kylančių) miltų

5 ml/1 arbatinis šaukštelis kepimo miltelių

10 ml/2 arb. maltų mišrių (obuolių pyrago) prieskonių

5 ml/1 arbatinis šaukštelis malto imbiero

100 g/4 uncijos/2/3 puodelio razinų

100 g/4 uncijos/2/3 puodelio sultonų (auksinių razinų)

Sviestą arba margariną ir cukrų išmaišykite iki šviesios ir purios masės. Palaipsniui įmaišykite kiaušinius ir pieną, tada suberkite miltus, kepimo miltelius ir prieskonius, tada vaisius. Supilkite mišinį į riebalais išteptą ir išklotą 18 cm/7 skersmens torto formą (skarda) ir kepkite iki 160°C/325°F/gas mark 3 įkaitintoje orkaitėje 1¼ valandos, kol pakils ir taps auksinės rudos spalvos.

Farmhouse Honey Fruitcake

Padarykite 20 cm/8 tortą

175 g/6 uncijos/2/3 puodelio sviesto arba margarino, suminkštinto

175 g / 6 uncijos / ½ puodelio skaidraus medaus

Nutarkuota 1 citrinos žievelė

3 kiaušiniai, lengvai paplakti

225 g/8 uncijos/2 puodeliai pilno grūdo (viso grūdo) miltų.

10 ml/2 šaukštelio kepimo miltelių

5 ml/1 arbatinis šaukštelis sumaišytų (obuolių pyrago) prieskonių

100 g/4 uncijos/2/3 puodelio razinų

100 g/4 uncijos/2/3 puodelio sultonų (auksinių razinų)

100 g / 4 uncijos / 2/3 puodelio serbentų

50 g/2 uncijos/1/3 puodelio paruoštų valgyti džiovintų abrikosų, susmulkintų

50 g/2 uncijos/1/3 puodelio susmulkintos mišrios (cukruotos) žievelės

25 g/1 oz/¼ puodelio maltų migdolų

25 g / 1 uncija / ¼ puodelio migdolų

Sviestą arba margariną, medų ir citrinos žievelę išmaišykite iki šviesios ir erdvios masės. Palaipsniui įmuškite kiaušinius, tada įmaišykite miltus, kepimo miltelius ir sumaišytus prieskonius. Įmaišykite vaisius ir maltus migdolus. Supilkite į riebalais išteptą ir išklotą 20 cm/8 torto formą ir centre padarykite nedidelę skylutę. Išdėliokite migdolus aplink viršutinį pyrago kraštą. Kepkite iki 160°C įkaitintoje orkaitėje 2–2,5 valandos, kol į vidurį įsmeigtas iešmas išeis švarus. Jei pyrago viršus per daug apskrus, į kepimo pabaigą uždenkite riebalais (vaškuotu) popieriumi. Palikite 10 minučių atvėsti keptuvėje, tada išverskite ant grotelių, kad baigtumėte atvėsti.

Genujos pyragas

Padarykite 23 cm/9 tortą

225 g/8 uncijos/1 puodelis sviesto arba margarino, suminkštinto

100 g/4 uncijos/½ puodelio smulkaus cukraus (labai smulkus).

4 kiaušiniai, atskirti

5 ml/1 šaukštelis migdolų esencijos (ekstraktas)

5 ml/1 arbatinis šaukštelis tarkuotos apelsino žievelės

225 g/8 uncijos/11/3 puodeliai razinų, kapotų

100 g / 4 uncijos / 2/3 puodelio serbentų, susmulkintų

100 g/4 uncijos/2/3 puodelio sultonų (auksinių razinų), pjaustytų

50 g/2 uncijos/¼ puodelio glazūruotų (cukruotų) vyšnių, susmulkintų

50 g/2 uncijos/1/3 puodelio susmulkintos mišrios (cukruotos) žievelės

100 g/4 uncijos/1 puodelis maltų migdolų

25 g / 1 uncija / ¼ puodelio migdolų

350 g/12 uncijų/3 puodeliai paprastų (universalių) miltų

10 ml/2 šaukštelio kepimo miltelių

5 ml/1 šaukštelis malto cinamono

Sumaišykite sviestą arba margariną ir cukrų, tada įmaišykite kiaušinių trynius, migdolų esenciją ir apelsino žievelę. Sumaišykite vaisius ir riešutus su dalimi miltų, kol pasidengs, tada įmaišykite šaukštus miltų, kepimo miltelius ir cinamoną, pakaitomis su šaukštais vaisių mišinio, kol viskas gerai susimaišys. Kiaušinių baltymus išplakite iki standžių putų, tada įmaišykite į masę. Supilkite į riebalais išteptą ir išklotą 23 cm/9 torto formą (formą) ir kepkite iki 190°C/375°F/dujų žymeklio 5 įkaitintoje orkaitėje 30 minučių, tada sumažinkite orkaitės temperatūrą iki 160°C/325°F/ dujų žymą 3 dar 1½ valandos, kol palietus taps elastinga ir į centrą įkištas iešmas išeis švarus. Palikite atvėsti formoje.

Glacé vaisių pyragas

Padarykite 23 cm/9 tortą

225 g/8 uncijos/1 puodelis sviesto arba margarino, suminkštinto

225 g/8 uncijos/1 puodelis smulkaus cukraus (labai smulkus).

4 kiaušiniai, lengvai paplakti

45 ml/3 šaukštai konjako

250 g/9 uncijos/1¼ puodeliai paprastų (universalių) miltų

2,5 ml/½ šaukštelio kepimo miltelių

Žiupsnelis druskos

225 g/8 uncijos/1 puodelis mišrių glazūruotų (cukruotų) vaisių, tokių kaip vyšnios, ananasai, apelsinai, figos, supjaustyti griežinėliais

100 g/4 uncijos/2/3 puodelio razinų

100 g/4 uncijos/2/3 puodelio sultonų (auksinių razinų)

75 g / 3 uncijos / ½ puodelio serbentų

50 g/2 uncijos/½ puodelio kapotų sumaišytų riešutų

Nutarkuota 1 citrinos žievelė

Sviestą arba margariną ir cukrų išmaišykite iki šviesios ir purios masės. Palaipsniui įmaišykite kiaušinius ir brendį. Atskirame dubenyje sumaišykite likusius ingredientus, kol vaisiai gerai pasidengs miltais. Įmaišykite į mišinį ir gerai išmaišykite. Supilkite į riebalais išteptą 23 cm/9 torto formą (skarda) ir kepkite iki 180°C/350°F/dujų ženklo 4 įkaitintoje orkaitėje 30 minučių. Sumažinkite orkaitės temperatūrą iki 150°C/300°F/dujų žymė 3 ir kepkite dar 50 minučių, kol į centrą įsmeigtas iešmas išeis švarus.

Gineso vaisių pyragas

Padarykite 23 cm/9 tortą

225 g/8 uncijos/1 puodelis sviesto arba margarino

225 g / 8 uncijos / 1 puodelis minkšto rudojo cukraus

300 ml / ½ pt / 1¼ puodelio Guinness arba stout

225 g/8 uncijos/11/3 puodeliai razinų

225 g/8 uncijos/11/3 puodeliai sultonų (auksinių razinų)

225 g / 8 uncijos / 11/3 puodeliai serbentų

100 g/4 uncijos/2/3 puodelio susmulkintos mišrios (cukruotos) žievelės

550 g/1¼ svaro/5 puodeliai paprastų (universalių) miltų

2,5 ml/½ šaukštelio sodos bikarbonato (kepimo soda)

5 ml/1 arbatinis šaukštelis sumaišytų (obuolių pyrago) prieskonių

2,5 ml/½ šaukštelio tarkuoto muskato riešuto

3 kiaušiniai, lengvai paplakti

Sviestą arba margariną, cukrų ir Ginesą išvirkite nedidelėje keptuvėje ant nedidelės ugnies, maišydami, kol gerai susimaišys. Sumaišykite vaisius ir sumaišytą žievelę, užvirinkite ir troškinkite 5 minutes. Nukelkite nuo ugnies ir leiskite atvėsti.

Sumaišykite miltus, sodos bikarbonatą ir prieskonius ir centre padarykite duobutę. Įpilkite atvėsintą vaisių mišinį ir kiaušinius ir maišykite, kol gerai susimaišys. Supilkite į riebalais išteptą ir išklotą 23 cm/9 torto formą (skarda) ir kepkite iki 160°C/325°F/dujinės žymos 3 įkaitintoje orkaitėje 2 valandas, kol į centrą įsmeigtas iešmas išeis švarus. Atvėsinkite keptuvėje 20 minučių, tada išverskite ant grotelių, kad baigtumėte atvėsti.

Mėsos pyragas

Padarykite 20 cm/8 tortą

225 g/8 uncijos/2 puodeliai savaime kylančių (savaime kylančių) miltų

350 g/12 uncijų/2 puodeliai maltos jautienos

75 g/3 uncijos/½ puodelio džiovintų mišrių vaisių (vaisių pyrago mišinys)

3 kiaušiniai

150 g/5 uncijos/2/3 puodelio minkšto margarino

150 g / 5 uncijos / 2/3 puodelio minkšto rudojo cukraus

Sumaišykite visus ingredientus, kol gerai susimaišys. Sudėkite į riebalais išteptą ir išklotą 20 cm/8 torto formą ir kepkite iki 160°C/325°F/gas mark 3 įkaitintoje orkaitėje 1¾ valandos, kol gerai iškils ir taps tvirti liesti.

Avižų ir abrikosų vaisių pyragas

Padarykite 20 cm/8 tortą

175 g/6 uncijos/¾ puodelio sviesto arba margarino, suminkštinto

50 g/2 uncijos/¼ puodelio minkšto rudojo cukraus

30 ml/2 šaukštai skaidraus medaus

3 kiaušiniai, sumušti

175 g/6 uncijos/¼ puodelio pilno grūdo (viso grūdo) miltų.

50 g/2 uncijos/½ puodelio avižinių miltų

10 ml/2 šaukštelio kepimo miltelių

250 g/9 uncijos/1½ puodelio džiovintų mišrių vaisių (vaisių pyrago mišinys)

50 g/2 uncijos/1/3 puodelio paruoštų valgyti džiovintų abrikosų, susmulkintų

Nutarkuota 1 citrinos žievelė ir sultys

Sviestą arba margariną ir cukrų išmaišykite su medumi iki šviesios ir purios masės. Pamažu įmuškite kiaušinius pakaitomis su miltais ir kepimo milteliais. Įmaišykite džiovintus vaisius ir citrinos sultis bei žievelę. Supilkite į riebalais išteptą ir išklotą 20 cm/8 torto formą (skarda) ir kepkite iki 180°C/350°F/dujų žymeklio 4 įkaitintoje orkaitėje 1 valandą. Sumažinkite orkaitės temperatūrą iki 160°C/325°F/dujų žymės 3 ir kepkite dar 30 minučių, kol į vidurį įsmeigtas iešmas išeis švarus. Jei pyragas pradeda per greitai ruduoti, viršų uždenkite kepimo popieriumi.

Vaisinis pyragas per naktį

Padarykite 20 cm/8 tortą

450 g/1 svaras/4 puodeliai paprastų (universalių) miltų

225 g / 8 uncijos / 1 1/3 puodeliai serbentų

225 g/8 uncijos/1 1/3 puodeliai sultonų (auksinių razinų)

225 g / 8 uncijos / 1 puodelis minkšto rudojo cukraus

50 g/2 uncijos/1/3 puodelio susmulkintos mišrios (cukruotos) žievelės

175 g / 6 uncijos / ¾ puodelio taukų (sutrumpinimas)

15 ml/1 valgomasis šaukštas auksinio (šviesaus kukurūzų) sirupo

10 ml/2 šaukštelis sodos bikarbonato (kepimo soda)

15 ml/1 valgomasis šaukštas pieno

300 ml/½ pt/1¼ puodelio vandens

Sumaišykite miltus, vaisius, cukrų ir žievelę. Ištirpinkite lašinius ir sirupą kartu ir įmaišykite į mišinį. Ištirpinkite sodos bikarbonatą piene ir įmaišykite į pyrago mišinį su vandeniu. Supilkite į riebalais išteptą 20cm/8 torto formą (kepimo formą), uždenkite ir palikite per naktį.

Kepkite pyragą iki 160 °C įkaitintoje orkaitėje 1¾ valandos, kol į vidurį įsmeigtas iešmas išeis švarus.

Razinų ir prieskonių pyragas

Padaro vieną 900 g/2 svarų kepalą

225 g / 8 uncijos / 1 puodelis minkšto rudojo cukraus

300 ml/½ pt/1¼ puodelio vandens

100 g/4 uncijos/½ puodelio sviesto arba margarino

15 ml/1 valgomasis šaukštas juodojo sirupo (melasos)

175 g/6 uncijos/1 puodelis razinų

5 ml/1 šaukštelis malto cinamono

2. 5 ml/½ šaukštelio tarkuoto muskato riešuto

2,5 ml/½ arbatinio šaukštelio universalus

225 g/8 uncijos/2 puodeliai paprastų (universalių) miltų

5 ml/1 arbatinis šaukštelis kepimo miltelių

5 ml/1 arbatinis šaukštelis sodos bikarbonatas (kepimo soda)

Nedidelėje keptuvėje ant vidutinės ugnies nuolat maišydami ištirpinkite cukrų, vandenį, sviestą arba margariną, sirupą, razinas ir prieskonius. Užvirinkite ir troškinkite 5 minutes. Nukelkite nuo ugnies ir supilkite likusius ingredientus. Supilkite mišinį į riebalais išteptą ir išklotą 900 g/2 svarų kepimo formą ir kepkite iki 180°C/350°F/dujų žymė 4 įkaitintoje orkaitėje 50 minučių, kol į vidurį įsmeigtas iešmas bus švarus.

Ričmondo pyragas

Padarykite 15 cm/6 tortą

225 g/8 uncijos/2 puodeliai paprastų (universalių) miltų

Žiupsnelis druskos

75 g/3 uncijos/1/3 puodelio sviesto arba margarino

100 g/4 uncijos/½ puodelio smulkaus cukraus (labai smulkus).

2,5 ml/½ šaukštelio kepimo miltelių

100 g / 4 uncijos / 2/3 puodelio serbentų

2 kiaušiniai, sumušti

Šiek tiek pieno

Miltus ir druską suberkite į dubenį ir įtrinkite sviestu arba margarinu, kol masė taps panaši į džiūvėsėlius. Įmaišykite cukrų, kepimo miltelius ir serbentus. Įmuškite kiaušinius ir tiek pieno, kad susimaišytų iki standžios tešlos. Pasukite į riebalais išteptą ir išklotą 15 cm/6 torto formą. Kepkite iki 190°C/375°F/5 dujų žymeklio įkaitintoje orkaitėje apytiksliai. 45 minutes, kol į centrą įsmeigtas iešmas išeis švarus. Palikite atvėsti ant grotelių.

Šafrano vaisių pyragas

Padaro du 450 g/1 svaro pyragus

2,5 ml/½ šaukštelio šafrano siūlų

Karštas vanduo

15 g/½ uncijos šviežių mielių arba 20 ml/4 šaukštelio džiovintų mielių

900 g/2 lb/8 puodeliai paprastų (universalių) miltų

225 g/8 uncijos/1 puodelis smulkaus cukraus (labai smulkus).

2,5 ml/½ šaukštelio sumaišytų (obuolių pyrago) prieskonių

Žiupsnelis druskos

100 g / 4 uncijos / ½ puodelio taukų (sutrumpinimas)

100 g/4 uncijos/½ puodelio sviesto arba margarino

300 ml/½ pt/1¼ puodelio šilto pieno

350 g / 12 uncijos / 2 puodeliai džiovintų mišrių vaisių (vaisių pyrago mišinys)

50 g/2 uncijos/1/3 puodelio susmulkintos mišrios (cukruotos) žievelės

Susmulkinkite šafrano sruogelius ir per naktį pamerkite į 45 ml/3 šaukštus šilto vandens.

Mieles sumaišyti su 30ml/2š.š miltų, 5ml/1š. cukraus ir 75ml/5š.š šilto vandens ir palikti šiltoje vietoje 20 min., kol suputos.

Sumaišykite likusius miltus ir cukrų su prieskoniais ir druska. Įtrinkite taukus ir sviestą arba margariną, kol mišinys taps panašus į džiūvėsėlius, o viduryje padarykite duobutę. Supilkite mielių mišinį, šafraną ir šafrano skystį, šiltą pieną, vaisius ir sumaišytą žievelę ir išmaišykite iki minkštos tešlos. Sudėkite į aliejumi pateptą dubenį, uždenkite plastikine plėvele ir palikite šiltoje vietoje 3 valandas.

Suformuokite du kepaliukus, sudėkite į dvi riebalais išteptas 450 g/1 svaro kepalų formeles ir kepkite iki 220°C/450°F/dujų ženklo

7 įkaitintoje orkaitėje 40 minučių, kol pakils ir taps auksinės rudos spalvos.

Sodos vaisių pyragas

Padaro 450 g pyragą

225 g/8 uncijos/2 puodeliai paprastų (universalių) miltų

1,5 ml / ¼ šaukštelio druskos

Žiupsnelis sodos bikarbonato (kepimo soda)

50 g/2 uncijos/¼ puodelio sviesto arba margarino

50 g/2 uncijos/¼ puodelio smulkaus cukraus (labai smulkus).

100 g / 4 uncijos / 2/3 puodelio džiovintų mišrių vaisių (vaisių pyrago mišinys)

150 ml / ¼ pt / 2/3 puodelio rūgpienio arba pieno su 5 ml / 1 šaukšteliu citrinos sulčių

5 ml/1 šaukštelis juodojo sirupo (melasos)

Dubenyje sumaišykite miltus, druską ir bikarbonatą. Įtrinkite sviestą arba margariną, kol mišinys taps panašus į džiūvėsėlius. Suberkite cukrų ir vaisius ir gerai išmaišykite. Pieną ir sirupą pakaitinkite, kol sirupas išsilydys, tada suberkite sausus ingredientus ir išmaišykite iki standžios tešlos. Supilkite į riebalais išteptą 450 g/1 svaro kepimo formą (keptuvą) ir kepkite iki 190°C/375°F/dujų žymė 5 įkaitintoje orkaitėje apytiksliai. 45 minutes iki auksinės spalvos.

Greitas vaisių pyragas

Padarykite 20 cm/8 tortą

450 g / 1 svaras / 2 2/3 puodeliai sumaišytų džiovintų vaisių (vaisių pyrago mišinys)

225 g / 8 uncijos / 1 puodelis minkšto rudojo cukraus

100 g/4 uncijos/½ puodelio sviesto arba margarino

150 ml / ¼ pt / 2/3 puodelio vandens

2 kiaušiniai, sumušti

225 g/8 uncijos/2 puodeliai savaime kylančių (savaime kylančių) miltų

Užvirkite vaisius, cukrų, sviestą arba margariną ir vandenį, uždenkite ir troškinkite 15 minučių. Leiskite atvėsti. Įmuškite kiaušinį ir miltus, tada supilkite mišinį į riebalais išteptą ir išklotą 20 cm/8 torto formą ir kepkite iki 150°C/300°F/dujų žymeklio 3 įkaitintoje orkaitėje 1,5 valandos, kol viršus apskrus ir susitrauks. toliau nuo dėžutės šonų.

Karštos arbatos vaisių pyragas

Padaromas 900 g/2 svarų pyragas

450 g / 1 svaras / 2½ puodeliai džiovintų mišrių vaisių (vaisių pyrago mišinys)

300 ml/½ pt/1¼ puodelio karštos juodosios arbatos

350 g/10 uncijų/1¼ puodelio minkšto rudojo cukraus

350 g/10 oz/2½ puodeliai savaime kylančių (savaime kylančių) miltų

1 kiaušinis, sumuštas

Įdėkite vaisius į karštą arbatą ir palikite per naktį. Įmaišykite cukrų, miltus ir kiaušinius ir supilkite į riebalais išteptą 900 g/2 svarų kepimo formą (keptuvą). Kepkite iki 160°C įkaitintoje orkaitėje 2 valandas, kol pakils ir taps auksinės rudos spalvos.

Vaisinis pyragas su šalta arbata

Padarykite 15 cm/6 tortą

100 g/4 uncijos/½ puodelio sviesto arba margarino

225 g/8 uncijos/11/3 puodeliai džiovintų vaisių mišinio (vaisių pyrago mišinys)

250 ml/8 fl oz/1 puodelis šaltos juodosios arbatos

225 g/8 uncijos/2 puodeliai savaime kylančių (savaime kylančių) miltų

100 g/4 uncijos/½ puodelio smulkaus cukraus (labai smulkus).

5 ml/1 arbatinis šaukštelis sodos bikarbonatas (kepimo soda)

1 didelis kiaušinis

Puode ištirpinkite sviestą arba margariną, suberkite vaisius ir arbatą ir užvirinkite. Troškinkite 2 minutes, tada leiskite atvėsti. Įmaišykite likusius ingredientus ir gerai išmaišykite. Supilkite į riebalais išteptą ir išklotą 15 cm/6 torto formą ir kepkite iki 160°C/325°F/gas mark 3 įkaitintoje orkaitėje 1¼–1,5 valandos, kol sutvirtės. Leiskite atvėsti, tada patiekite supjaustytą griežinėliais ir ištepkite.

Vaisinis pyragas be cukraus

Padarykite 20 cm/8 tortą

4 džiovinti abrikosai

60 ml / 4 šaukštai apelsinų sulčių

250 ml / 8 fl uncijos / 1 puodelis stout

100 g/4 uncijos/2/3 puodelio sultonų (auksinių razinų)

100 g/4 uncijos/2/3 puodelio razinų

50 g / 2 uncijos / ¼ puodelio serbentų

50 g/2 uncijos/¼ puodelio sviesto arba margarino

225 g/8 uncijos/2 puodeliai savaime kylančių (savaime kylančių) miltų

75 g/3 uncijos/¾ puodelio kapotų sumaišytų riešutų

10 ml/2 arb. maltų mišrių (obuolių pyrago) prieskonių

5 ml/1 arbatinis šaukštelis tirpios kavos miltelių

3 kiaušiniai, lengvai paplakti

15 ml/1 valgomasis šaukštas konjako arba viskio

Abrikosus pamirkykite apelsinų sultyse, kol suminkštės, tada supjaustykite. Sudėkite į keptuvę su stautu, džiovintais vaisiais ir sviestu arba margarinu, užvirinkite ir troškinkite 20 minučių. Leiskite atvėsti.

Sumaišykite miltus, riešutus, prieskonius ir kavą. Sumaišykite storą mišinį, kiaušinius ir brendį arba viskį. Supilkite mišinį į riebalais išteptą ir išklotą 20 cm/8 torto formą ir kepkite iki 180°C/350°F/dujų žymeklio 4 įkaitintoje orkaitėje 20 minučių. Sumažinkite orkaitės temperatūrą iki 150°C/300°F/dujų žymė 2 ir kepkite dar 1½ valandos, kol į centrą įsmeigtas iešmas išeis švarus. Viršų kepimo pabaigoje uždenkite riebalams atspariu (vaškuotu) popieriumi, jei jis per daug parudavęs. Palikite 10 minučių atvėsti keptuvėje, tada išverskite ant grotelių, kad baigtumėte atvėsti.

Maži vaisių pyragaičiai

Atlikite 48

100 g/4 uncijos/½ puodelio sviesto arba margarino, suminkštinto

225 g / 8 uncijos / 1 puodelis minkšto rudojo cukraus

2 kiaušiniai, lengvai paplakti

175 g/6 uncijos/1 puodelis datulių be kauliukų, susmulkintų

50 g/2 uncijos/½ puodelio kapotų sumaišytų riešutų

15 ml/1 valgomasis šaukštas tarkuotos apelsino žievelės

225 g/8 uncijos/2 puodeliai paprastų (universalių) miltų

5 ml/1 arbatinis šaukštelis sodos bikarbonatas (kepimo soda)

2,5 ml / ½ šaukštelio druskos

150 ml / ¼ pt / 2/3 puodelio pasukų

6 glacé (cukruotos) vyšnios, supjaustytos

Apelsinų vaisių pyrago glajus

Sviestą arba margariną ir cukrų išmaišykite iki šviesios ir purios masės. Po truputį įmuškite kiaušinius. Įmaišykite datules, riešutus ir apelsino žievelę. Sumaišykite miltus, sodos bikarbonatą ir druską. Supilkite mišinį pakaitomis su pasukomis ir plakite, kol gerai susimaišys. Supilkite į riebalais išteptas 5 cm/2 bandelių formeles (keptuves) ir papuoškite vyšniomis. Kepkite iki 190°C įkaitintoje orkaitėje 20 minučių, kol į vidurį įsmeigtas iešmas išeis švarus. Perkelkite ant grotelių ir palikite, kol sušils, tada aptepkite apelsinų glaistu.

Acto vaisių pyragas

Padarykite 23 cm/9 tortą

225 g/8 uncijos/1 puodelis sviesto arba margarino

450 g/1 svaras/4 puodeliai paprastų (universalių) miltų

225 g/8 uncijos/1 1/3 puodeliai sultonų (auksinių razinų)

100 g/4 uncijos/2/3 puodelio razinų

100 g / 4 uncijos / 2/3 puodelio serbentų

225 g / 8 uncijos / 1 puodelis minkšto rudojo cukraus

5 ml/1 arbatinis šaukštelis sodos bikarbonatas (kepimo soda)

300 ml/½ pt/1¼ puodelio pieno

45 ml/3 šaukštai salyklo acto

Sviestą arba margariną įtrinkite į miltus, kol masė taps panaši į džiūvėsėlius. Įmaišykite vaisius ir cukrų ir viduryje padarykite duobutę. Sumaišykite sodos bikarbonatą, pieną ir actą – mišinys suputos. Įmaišykite į sausus ingredientus, kol gerai susimaišys. Supilkite mišinį į riebalais išteptą ir išklotą 23 cm/9 skersmens torto formą (formą) ir kepkite iki 200°C/400°F/dujų žymeklio 6 įkaitintoje orkaitėje 25 minutes. Sumažinkite orkaitės temperatūrą iki 160°C/325°F/dujų žymė 3 ir kepkite dar 1½ valandos, kol taps auksinės spalvos ir tvirtai liesti. Palikite atvėsti keptuvėje 5 minutes, tada išverskite ant grotelių, kad baigtumėte atvėsti.

Virdžinijos viskio pyragas

Padaro 450 g pyragą

100 g/4 uncijos/½ puodelio sviesto arba margarino, suminkštinto

50 g/2 uncijos/¼ puodelio smulkaus cukraus (labai smulkus).

3 kiaušiniai, atskirti

175 g/6 uncijos/1½ puodelio paprastų (universalių) miltų

5 ml/1 arbatinis šaukštelis kepimo miltelių

Žiupsnelis tarkuoto muskato riešuto

Žiupsnelis maltų makalų

120 ml / 4 fl uncijos / ½ puodelio

30 ml/2 šaukštai konjako

100 g / 4 uncijos / 2/3 puodelio džiovintų mišrių vaisių (vaisių pyrago mišinys)

120 ml/4 fl uncijos/½ puodelio viskio

Sumaišykite sviestą ir cukrų iki vientisos masės. Įmaišykite kiaušinių trynius. Sumaišykite miltus, kepimo miltelius ir prieskonius ir įmaišykite į masę. Įmaišykite portveiną, brendį ir džiovintus vaisius. Plakite kiaušinių baltymus, kol susidarys minkštos smailės, tada įmaišykite juos į mišinį. Supilkite į riebalais išteptą 450 g/1 svaro kepimo formą ir kepkite iki 160°C/325°F/dujų žymės 3 įkaitintoje orkaitėje 1 valandą, kol į vidurį įsmeigtas iešmas išeis švarus. Palikite atvėsti skardoje, po to pyragą užpilkite viskiu ir palikite formoje 24 valandas prieš pjaustydami.

Velso vaisių pyragas

Padarykite 23 cm/9 tortą

50 g/2 uncijos/¼ puodelio sviesto arba margarino

50 g / 2 uncijos / ¼ puodelio taukų (sutrumpinimas)

225 g/8 uncijos/2 puodeliai paprastų (universalių) miltų

Žiupsnelis druskos

10 ml/2 šaukštelio kepimo miltelių

100 g / 4 uncijos / ½ puodelio demerara cukraus

175 g/6 uncijos/1 puodelis džiovintų mišrių vaisių (vaisių pyrago mišinys)

Nutarkuota žievelė ir ½ citrinos sultys

1 kiaušinis, lengvai paplaktas

30 ml/2 šaukštai pieno

Sviestą arba margariną ir taukus įtrinkite į miltus, druską ir kepimo miltelius, kol masė taps panaši į džiūvėsėlius. Įmaišykite cukrų, vaisių ir citrinos žievelę bei sultis, tada įmaišykite kiaušinį bei pieną ir minkykite iki minkštos tešlos. Suformuokite riebalais išteptą ir išklotą 23 cm/9 skersmens kvadratinę kepimo formą ir kepkite iki 200°C įkaitintoje orkaitėje 20 minučių, kol pakils ir taps auksinės rudos spalvos.

Baltas vaisių pyragas

Padarykite 23 cm/9 tortą

100 g/4 uncijos/½ puodelio sviesto arba margarino, suminkštinto

225 g/8 uncijos/1 puodelis smulkaus cukraus (labai smulkus).

5 kiaušiniai, lengvai paplakti

350 g / 12 uncijos / 2 puodeliai džiovintų mišrių vaisių

350 g/12 uncijų/2 puodeliai sultonų (auksinių razinų)

100 g/4 uncijos/2/3 puodelio datulių be kauliukų, susmulkintų

100 g / 4 uncijos / ½ puodelio glace (cukruotų) vyšnių, kapotų

100 g/4 uncijos/½ puodelio glazūruotų (cukruotų) ananasų, pjaustytų

100 g / 4 uncijos / 1 puodelis kapotų sumaišytų riešutų

225 g/8 uncijos/2 puodeliai paprastų (universalių) miltų

10 ml/2 šaukštelio kepimo miltelių

2,5 ml / ½ šaukštelio druskos

60 ml / 4 šaukštai ananasų sulčių

Sviestą arba margariną ir cukrų išmaišykite iki šviesios ir purios masės. Palaipsniui įmuškite kiaušinius, kiekvieną kartą gerai išplakdami. Sumaišykite visus vaisius, riešutus ir dalį miltų, kol ingredientai gerai pasidengs miltais. Į likusius miltus įmaišykite kepimo miltelius ir druską, tada pakaitomis su ananasų sultimis įmaišykite į kiaušinių mišinį, kol tolygiai susimaišys. Įmaišykite vaisius ir gerai išmaišykite. Supilkite į riebalais išteptą ir išklotą 23 cm/9 torto formą (formą) ir kepkite iki 140°C/275°F/dujų žymeklio 1 įkaitintoje orkaitėje apytiksliai. 2,5 valandos, kol į centrą įsmeigtas iešmas išeis švarus. Palikite 10 minučių atvėsti keptuvėje, tada išverskite ant grotelių, kad baigtumėte atvėsti.

Obuolių pyragas

Padarykite 20 cm/8 tortą

175 g/6 uncijos/1½ puodeliai savaime kylančių (savaime kylančių) miltų

5 ml/1 arbatinis šaukštelis kepimo miltelių

Žiupsnelis druskos

150 g/5 uncijos/2/3 puodelio sviesto arba margarino

150 g / 5 uncijos / 2/3 puodelio smulkaus cukraus (labai smulkus).

1 kiaušinis, sumuštas

175 ml/6 fl oz/¾ puodelio pieno

3 valgomieji (deseriniai) obuoliai, nulupti, išimti šerdį ir supjaustyti griežinėliais

2,5 ml/½ šaukštelio malto cinamono

15 ml/1 valgomasis šaukštas skaidraus medaus

Sumaišykite miltus, kepimo miltelius ir druską. Įtrinkite sviestą arba margariną, kol masė taps panaši į džiūvėsėlius, tada įmaišykite cukrų. Įmaišykite kiaušinį ir pieną. Supilkite mišinį į riebalais išteptą ir išklotą 20 cm/8 torto formą (kepimo formą) ir švelniai įspauskite obuolių skilteles į viršų. Pabarstykite cinamonu ir apšlakstykite medumi. Kepkite iki 200°C įkaitintoje orkaitėje 45 minutes, kol taps auksinės spalvos ir tvirtai liesdami.

Prieskonių obuolių pyragas su traškiu viršumi

Padarykite 20 cm/8 tortą

75 g/3 uncijos/1/3 puodelio sviesto arba margarino

175 g/6 uncijos/1½ puodeliai savaime kylančių (savaime kylančių) miltų

50 g/2 uncijos/¼ puodelio smulkaus cukraus (labai smulkus).

1 kiaušinis

75 ml / 5 šaukštai vandens

3 valgomieji (deseriniai) obuoliai, nulupti, išsmeigti ir supjaustyti kubeliais

Užpilui:
75 g/3 uncijos/1/3 puodelio demerara cukraus

10 ml/2 šaukštelio malto cinamono

25 g/1 uncijos/2 šaukštai sviesto arba margarino

Sviestą arba margariną įtrinkite į miltus, kol masė taps panaši į džiūvėsėlius. Įmaišykite cukrų, tada įmaišykite kiaušinį ir vandenį, kad gautumėte minkštą tešlą. Įpilkite šiek tiek daugiau vandens, jei mišinys per sausas. Tešlą padalinkite į 20 cm/8 torto formą (formą) ir į tešlą įspauskite obuolius. Pabarstykite demerara cukrumi ir cinamonu ir apibarstykite sviestu arba margarinu. Kepkite iki 180°C įkaitintoje orkaitėje 30 minučių, kol taps auksinės rudos spalvos ir tvirtai liesdami.

Amerikietiškas obuolių pyragas

Padarykite 20 cm/8 tortą

50 g/2 uncijos/¼ puodelio sviesto arba margarino, suminkštinto

225 g / 8 uncijos / 1 puodelis minkšto rudojo cukraus

1 kiaušinis, lengvai paplaktas

5 ml/1 šaukštelis vanilės esencijos (ekstraktas)

100 g/4 uncijos/1 puodelis paprastų (universalių) miltų

2,5 ml/½ šaukštelio kepimo miltelių

2,5 ml/½ šaukštelio sodos bikarbonato (kepimo soda)

2,5 ml / ½ šaukštelio druskos

2,5 ml/½ šaukštelio malto cinamono

2,5 ml/½ šaukštelio tarkuoto muskato riešuto

450 g/1 svaro valgomieji (deseriniai) obuoliai, nulupti, nulupti ir supjaustyti kubeliais

25 g / 1 uncija / ¼ puodelio migdolų, susmulkintų

Sviestą arba margariną ir cukrų išmaišykite iki šviesios ir purios masės. Palaipsniui įmuškite kiaušinį ir vanilės esenciją.
Sumaišykite miltus, kepimo miltelius, sodos bikarbonatą, druską ir prieskonius ir įmaišykite į masę. Įmaišykite obuolius ir riešutus. Supilkite į riebalais išteptą ir išklotą 20 cm/8 skersmens kvadratinę kepimo formą (kepimo skardą) ir kepkite iki 180°C/350°F/dujų žymė 4 įkaitintoje orkaitėje 45 minutes, kol į vidurį įsmeigtas iešmas išeis švarus.

Obuolių tyrės pyragas

Padaromas 900 g/2 svarų pyragas

100 g/4 uncijos/½ puodelio sviesto arba margarino, suminkštinto

225 g / 8 uncijos / 1 puodelis minkšto rudojo cukraus

2 kiaušiniai, lengvai paplakti

225 g/8 uncijos/2 puodeliai paprastų (universalių) miltų

5 ml/1 šaukštelis malto cinamono

2,5 ml/½ šaukštelio tarkuoto muskato riešuto

100 g / 4 uncijos / 1 puodelis obuolių padažo (padažas)

5 ml/1 arbatinis šaukštelis sodos bikarbonatas (kepimo soda)

30 ml/2 šaukštai šilto vandens

Sviestą arba margariną ir cukrų išmaišykite iki šviesios ir purios masės. Palaipsniui įmaišykite kiaušinius. Įmaišykite miltus, cinamoną, muskato riešutą ir obuolių padažą. Sumaišykite sodos bikarbonatą su karštu vandeniu ir įmaišykite į mišinį. Supilkite į riebalais išteptą 900 g/2 svarų kepimo formą ir kepkite iki 180°C/350°F/dujų žymės 4 įkaitintoje orkaitėje 1¼ valandos, kol į vidurį įsmeigtas iešmas išeis švarus.

Sidro obuolių pyragas

Padarykite 20 cm/8 tortą

100 g/4 uncijos/½ puodelio sviesto arba margarino, suminkštinto

150 g / 5 uncijos / 2/3 puodelio smulkaus cukraus (labai smulkus).

3 kiaušiniai

225 g/8 uncijos/2 puodeliai savaime kylančių (savaime kylančių) miltų

5 ml/1 arbatinis šaukštelis sumaišytų (obuolių pyrago) prieskonių

5 ml/1 arbatinis šaukštelis sodos bikarbonatas (kepimo soda)

5 ml/1 arbatinis šaukštelis kepimo miltelių

150 ml / ¼ pt / 2/3 puodelio sauso sidro

2 virti (rūgštūs) obuoliai, nulupti, nulupti ir supjaustyti griežinėliais

75 g/3 uncijos/1/3 puodelio demerara cukraus

100 g / 4 uncijos / 1 puodelis kapotų sumaišytų riešutų

Sumaišykite sviestą arba margariną, cukrų, kiaušinius, miltus, prieskonius, bikarbonatą, kepimo miltelius ir 120 ml/½ puodelio sidro, kol gerai susimaišys, įpilkite likusio sidro, kad susidarytų vientisa tešla. Pusę mišinio supilkite į riebalais išteptą ir išklotą 20cm/8 torto formą (keptuvą) ir uždenkite puse obuolių griežinėlių. Sumaišykite cukrų ir riešutus ir paskleiskite pusę obuolių. Supilkite likusį pyrago mišinį ir uždėkite likusius obuolius bei likusį cukraus ir riešutų mišinį. Kepkite iki 180°C įkaitintoje orkaitėje 1 valandą, kol taps auksinės rudos spalvos ir tvirtai liesdami.

Obuolių ir cinamono pyragas

Padarykite 23 cm/9 tortą

100 g/4 uncijos/½ puodelio sviesto arba margarino

100 g/4 uncijos/½ puodelio smulkaus cukraus (labai smulkus).

1 kiaušinis, lengvai paplaktas

100 g/4 uncijos/1 puodelis paprastų (universalių) miltų

5 ml/1 arbatinis šaukštelis kepimo miltelių

30 ml/2 šaukštai pieno (nebūtina)

2 dideli virti (rūgštūs) obuoliai, nulupti, nulupti ir supjaustyti griežinėliais

30 ml/2 šaukštai cukranendrių cukraus (labai smulkus).

5 ml/1 šaukštelis malto cinamono

25 g / 1 uncija / ¼ puodelio migdolų, susmulkintų

30 ml/2 šaukštai demerara cukraus

Sviestą arba margariną ir cukrų išmaišykite iki šviesios ir purios masės. Palaipsniui įmuškite kiaušinį, tada įmaišykite miltus ir kepimo miltelius. Mišinys turi būti gana standus; jei jis per kietas, įmaišykite šiek tiek pieno. Pusę mišinio supilkite į riebalais išteptą ir 23 cm/9 storio laisvu dugnu išklotą torto formą (keptuvą). Ant viršaus išdėliokite obuolių skilteles. Sumaišykite cukrų ir cinamoną ir pabarstykite migdolais ant obuolių. Ant viršaus supilkite likusį pyrago mišinį ir pabarstykite demerara cukrumi. Kepkite iki 180°C įkaitintoje orkaitėje 30-35 minutes, kol į vidurį įsmeigtas iešmas išeis švarus.

Ispaniškas obuolių pyragas

Padarykite 23 cm/9 tortą

175 g/6 uncijos/¾ puodelio sviesto arba margarino

6 "Cox's eat" (desertiniai) obuoliai, nulupti, nulupti ir supjaustyti griežinėliais

30 ml/2 šaukštai obuolių brendžio

175 g/6 uncijos/¾ puodelio smulkaus cukraus (labai smulkus).

150 g / 5 uncijos / 1¼ puodeliai paprastų (universalių) miltų

10 ml/2 šaukštelio kepimo miltelių

5 ml/1 šaukštelis malto cinamono

3 kiaušiniai, lengvai paplakti

45 ml/3 šaukštai pieno

Glajui:

60 ml/4 a.š abrikosų uogienės (konservas), perkošti

15 ml/1 valgomasis šaukštas obuolių brendžio

5 ml/1 šaukštelis kukurūzų miltų (kukurūzų krakmolas)

10 ml/2 šaukštelio vandens

Didelėje keptuvėje ištirpinkite sviestą arba margariną ir ant nedidelės ugnies kepkite obuolių gabalėlius 10 minučių, vieną kartą pamaišydami, kad pasidengtų sviestas. Nuimkite nuo ugnies. Susmulkinkite trečdalį obuolių ir supilkite obuolių brendį, tada įmaišykite cukrų, miltus, kepimo miltelius ir cinamoną. Įmuškite kiaušinius ir pieną ir supilkite mišinį į riebalais išteptą ir miltais pabarstytą 23 cm/9 biriadugnę torto formą (formą). Ant viršaus uždėkite likusias obuolių skilteles. Kepkite iki 180°C įkaitintoje orkaitėje 45 minutes, kol gražiai pakils, taps auksinės rudos spalvos ir pradės trauktis nuo skardos kraštų.

Norėdami pagaminti glajų, kartu pašildykite uogienę ir brendį. Kukurūzų miltus sumaišykite su vandeniu ir įmaišykite į uogienę bei konjaką. Virkite keletą minučių maišydami, kol paruošite. Aptepkite karštą pyragą ir palikite 30 minučių atvėsti. Nuimkite torto formos šonus, dar kartą įkaitinkite glajų ir dar kartą aptepkite. Leiskite atvėsti.

Obuolių ir Sultonos pyragas

Padarykite 20 cm/8 tortą

350 g/12 oz/3 puodeliai savaime kylančių (savaime kylančių) miltų

Žiupsnelis druskos

2,5 ml/½ šaukštelio malto cinamono

225 g/8 uncijos/1 puodelis sviesto arba margarino

175 g/6 uncijos/¾ puodelio smulkaus cukraus (labai smulkus).

100 g/4 uncijos/2/3 puodelio sultonų (auksinių razinų)

450 g/1 svaras virti (tartų) obuolių, nuluptų, išimtų šerdies ir smulkiai pjaustytų

2 kiaušiniai

Šiek tiek pieno

Sumaišykite miltus, druską ir cinamoną, tada įtrinkite sviestą arba margariną, kol masė taps panaši į džiūvėsėlius. Įmaišykite cukrų. Centre padarykite duobutę, sudėkite sultonus, obuolius ir kiaušinius ir gerai išmaišykite, įpildami šiek tiek pieno, kad susidarytų standus mišinys. Supilkite į riebalais išteptą 20 cm/8 torto formą ir kepkite iki 180°C/350°F/dujų žymeklio 4 įkaitintoje orkaitėje apytiksliai. 1½–2 valandos, kol sutvirtės. Patiekite karštą arba šaltą.

Apverstas obuolių pyragas

Padarykite 23 cm/9 tortą

2 valgomieji (deseriniai) obuoliai, nulupti, išimti šerdį ir plonais griežinėliais

75 g / 3 uncijos / 1/3 puodelio minkšto rudojo cukraus

45 ml/3 šaukštai razinų

30 ml/2 šaukštai citrinos sulčių

Dėl torto:

200 g/7 uncijos/1¾ puodeliai paprastų (universalių) miltų

50 g/2 uncijos/¼ puodelio smulkaus cukraus (labai smulkus).

10 ml/2 šaukštelio kepimo miltelių

5 ml/1 arbatinis šaukštelis sodos bikarbonatas (kepimo soda)

5 ml/1 šaukštelis malto cinamono

Žiupsnelis druskos

120 ml / ½ puodelio pieno

50 g / 2 uncijos / ½ puodelio obuolių padažo (padažas)

75 ml/5 šaukštai aliejaus

1 kiaušinis, lengvai paplaktas

5 ml/1 šaukštelis vanilės esencijos (ekstraktas)

Sumaišykite obuolius, cukrų, razinas ir citrinos sultis ir sudėkite į riebalais išteptos 23 cm/9 torto formos (formos) dugną. Sumaišykite sausus pyrago ingredientus ir centre padarykite duobutę. Sumaišykite pieną, obuolių padažą, aliejų, kiaušinį ir vanilės esenciją ir įmaišykite į sausus ingredientus, kol susimaišys. Supilkite į torto formą ir kepkite iki 180°C įkaitintoje orkaitėje 40 minučių, kol pyragas taps auksinis ir susitrauks nuo formos kraštų. Palikite 10 minučių atvėsti skardoje, tada atsargiai apverskite ant lėkštės. Patiekite karštą arba šaltą.

Abrikosų duonos pyragas

Padaro vieną 900 g/2 svarų kepalą

225 g/8 uncijos/1 puodelis sviesto arba margarino, suminkštinto

225 g/8 uncijos/1 puodelis smulkaus cukraus (labai smulkus).

2 kiaušiniai, gerai išplakti

6 prinokę abrikosai, be kauliukų, nulupti ir sutrinti

300 g / 11 uncijos / 2¾ puodeliai paprastų (universalių) miltų

5 ml/1 arbatinis šaukštelis sodos bikarbonatas (kepimo soda)

Žiupsnelis druskos

75 g / 3 uncijos / ¾ puodelio migdolų, susmulkintų

Sumaišykite sviestą arba margariną ir cukrų. Palaipsniui įmuškite kiaušinius, tada įmaišykite abrikosus. Supilkite miltus, sodos bikarbonatą ir druską. Įmaišykite riešutus. Supilkite į riebalais išteptą ir miltais pabarstytą 900 g/2 svarų kepimo formą ir kepkite iki 180°C/350°F/dujų žymė 4 įkaitintoje orkaitėje 1 valandą, kol į vidurį įsmeigtas iešmas išeis švarus. Prieš išversdami palikite atvėsti skardoje.

Abrikosų ir imbiero pyragas

Padarykite 18 cm/7 tortą

100 g/4 uncijos/1 puodelis savaime kylančių (savaime kylančių) miltų

100 g/4 uncijos/½ puodelio minkšto rudojo cukraus

10 ml/2 šaukštelio malto imbiero

100 g/4 uncijos/½ puodelio sviesto arba margarino, suminkštinto

2 kiaušiniai, lengvai paplakti

100 g/4 uncijos/2/3 puodelio paruoštų valgyti džiovintų abrikosų, susmulkintų

50 g/2 uncijos/1/3 puodelio razinų

Miltus, cukrų, imbierą, sviestą arba margariną ir kiaušinius išplakite iki minkštos masės. Įmaišykite abrikosus ir razinas. Supilkite mišinį į riebalais išteptą ir išklotą 18 cm/7 skersmens torto formą (skarda) ir kepkite iki 180°C/350°F/dujų žymė 4 įkaitintoje orkaitėje 30 minučių, kol į centrą įsmeigtas iešmas išeis švarus.

Girtas abrikosų pyragas

Padarykite 20 cm/8 tortą

120 ml/4 fl uncijos/½ puodelio brendžio arba romo

120 ml / ½ puodelio apelsinų sulčių

225 g/8 uncijos/11/3 puodeliai paruoštų valgyti džiovintų abrikosų, pjaustytų

100 g/4 uncijos/2/3 puodelio sultonų (auksinių razinų)

175 g/6 uncijos/¾ puodelio sviesto arba margarino, suminkštinto

45 ml/3 šaukštai skaidraus medaus

4 kiaušiniai, atskirti

175 g/6 uncijos/1½ puodeliai savaime kylančių (savaime kylančių) miltų

10 ml/2 šaukštelio kepimo miltelių

Išvirkite brendį arba romą ir apelsinų sultis su abrikosais ir sultonais. Gerai išmaišykite, tada nukelkite nuo ugnies ir palikite atvėsti. Sumaišykite sviestą arba margariną ir medų, tada palaipsniui įmaišykite kiaušinių trynius. Įmaišykite miltus ir kepimo miltelius. Kiaušinių baltymus išplakite iki standžių putų, tada atsargiai įmaišykite į masę. Supilkite į riebalais išteptą ir išklotą 20 cm/8 torto formą ir kepkite iki 180°C/350°F/dujinės žymos 4 įkaitintoje orkaitėje 1 valandą, kol į centrą įsmeigtas iešmas išeis švarus. Palikite atvėsti formoje.

Bananų pyragas

Padarykite 23 x 33 cm/9 x 13 tortą

4 prinokę bananai, sutrinti

2 kiaušiniai, lengvai paplakti

350 g/12 uncijos/1½ puodelio smulkaus cukraus (labai smulkus).

120 ml/4 fl uncijos/½ puodelio aliejaus

5 ml/1 šaukštelis vanilės esencijos (ekstraktas)

50 g/2 uncijos/½ puodelio kapotų sumaišytų riešutų

225 g/8 uncijos/2 puodeliai paprastų (universalių) miltų

10 ml/2 šaukštelis sodos bikarbonato (kepimo soda)

5 ml/1 šaukštelis druskos

Sumaišykite bananus, kiaušinius, cukrų, aliejų ir vanilę. Sudėkite likusius ingredientus ir maišykite, kol viskas susimaišys. Supilkite į 23 x 33 cm/9 x 13 torto formą (skarda) ir kepkite iki 180°C/350°F/dujų žymė 4 įkaitintoje orkaitėje 45 minutes, kol į vidurį įsmeigtas iešmas išeis švarus.

Bananų pyragas su traškiu viršumi

Padarykite 23 cm/9 tortą

100 g/4 uncijos/½ puodelio sviesto arba margarino, suminkštinto

300 g/11 uncijų/11/3 puodelių smulkaus cukraus (labai smulkus).

2 kiaušiniai, lengvai paplakti

175 g/6 uncijos/1½ puodelio paprastų (universalių) miltų

2,5 ml / ½ šaukštelio druskos

1,5 ml/½ šaukštelio tarkuoto muskato riešuto

5 ml/1 arbatinis šaukštelis sodos bikarbonatas (kepimo soda)

75 ml/5 šaukštai pieno

Keli lašai vanilės esencijos (ekstrakto)

4 bananai, sutrinti

Užpilui:

50 g / 2 uncijos / ¼ puodelio demerara cukraus

50 g / 2 uncijos / 2 puodeliai kukurūzų dribsniai, susmulkinti

2,5 ml/½ šaukštelio malto cinamono

25 g/1 uncijos/2 šaukštai sviesto arba margarino

Sviestą arba margariną ir cukrų išplakite iki šviesios ir purios masės. Palaipsniui įmuškite kiaušinius, tada įmaišykite miltus, druską ir muskato riešutą. Įmaišykite sodos bikarbonatą į pieną ir vanilės esenciją ir įmaišykite į mišinį su bananais. Supilkite į riebalais išteptą ir išklotą 23cm/9 kvadratinę torto formą (keptuvą).

Norėdami paruošti užpilą, sumaišykite cukrų, kukurūzų dribsnius ir cinamoną ir įtrinkite sviestu arba margarinu. Pabarstykite pyragą ir kepkite iki 180°C/350°F/dujų žymė 4 įkaitintoje orkaitėje 45 minutes, kol sutvirtės.

Bananinis grybas

Padarykite 23 cm/9 tortą

100 g/4 uncijos/½ puodelio sviesto arba margarino, suminkštinto

100 g/4 uncijos/½ puodelio smulkaus cukraus (labai smulkus).

2 kiaušiniai, sumušti

2 dideli prinokę bananai, sutrinti

225 g/8 uncijos/1 puodelis savaime kylančių (savaime kylančių) miltų

45 ml/3 šaukštai pieno

     Užpildymui ir užpilimui:
225 g / 8 uncijos / 1 puodelis grietinėlės sūrio

30 ml/2 a.š grietinės (pieninės grietinės).

100g/4oz džiovintų bananų traškučių

Sviestą arba margariną ir cukrų išmaišykite iki šviesiai ir purios masės. Palaipsniui įmuškite kiaušinius, tada įmaišykite bananus ir miltus. Sumaišykite pieną, kol masė taps lašančios konsistencijos. Supilkite į riebalais išteptą ir išklotą 23 cm/9 torto formą ir kepkite iki 180°C/350°F/dujų žymeklio 4 įkaitintoje orkaitėje apytiksliai. 30 minučių, kol į centrą įsmeigtas iešmas išeis švarus. Išverskite ant grotelių ir palikite atvėsti, tada perpjaukite per pusę horizontaliai.

Norėdami paruošti užpilą, suplakite kreminį sūrį ir grietinę ir pusę mišinio sulenkite abi torto puses. Ant viršaus paskleiskite likusį mišinį ir papuoškite bananų drožlėmis.

Bananų pyragas su daug skaidulų

Padarykite 18 cm/7 tortą

100 g/4 uncijos/½ puodelio sviesto arba margarino, suminkštinto

50 g/2 uncijos/¼ puodelio minkšto rudojo cukraus

2 kiaušiniai, lengvai paplakti

100 g/4 uncijos/1 puodelis viso grūdo miltų (nesmulkintų kviečių).

10 ml/2 šaukštelio kepimo miltelių

2 bananai, sutrinti

Įdarui:

225 g/8 uncijos/1 puodelis varškės (glotnios varškės).

5 ml/1 arbatinis šaukštelis citrinos sulčių

15 ml/1 valgomasis šaukštas skaidraus medaus

1 bananas, supjaustytas

Cukraus glazūra (konditerinis) sijotas iki dulkių

Sviestą arba margariną ir cukrų išmaišykite iki šviesios ir purios masės. Palaipsniui įmuškite kiaušinius, tada įmaišykite miltus ir kepimo miltelius. Atsargiai įmaišykite bananus. Supilkite mišinį į dvi riebalais išteptas ir išklotas 18 cm/7 skersmens torto formeles (keptuves) ir kepkite įkaitintoje orkaitėje 30 minučių, kol sutvirtės. Leiskite atvėsti.

Norėdami pagaminti įdarą, sumaišykite kreminį sūrį, citrinos sultis ir medų ir aptepkite vieną iš pyragų. Ant viršaus uždėkite bananų skilteles, tada uždenkite antruoju pyragu. Patiekite apibarstę cukraus pudra.

Bananų ir citrinų pyragas

Padarykite 18 cm/7 tortą

100 g/4 uncijos/½ puodelio sviesto arba margarino, suminkštinto

175 g/6 uncijos/¾ puodelio smulkaus cukraus (labai smulkus).

2 kiaušiniai, lengvai paplakti

225 g/8 uncijos/2 puodeliai savaime kylančių (savaime kylančių) miltų

2 bananai, sutrinti

Užpildymui ir užpilimui:

75 ml/5 šaukštai citrinų varškės

2 bananai, supjaustyti

45 ml/3 šaukštai citrinos sulčių

100 g/4 uncijos/2/3 puodelio glajaus (konditerių cukraus), išsijotas

Sviestą arba margariną ir cukrų išmaišykite iki šviesios ir purios masės. Palaipsniui įmuškite kiaušinius, kiekvieną kartą gerai išplakdami, tada įmaišykite miltus ir bananus. Supilkite mišinį į dvi riebalais išteptas ir išklotas 18 cm/7 storio sumuštinių formeles ir kepkite iki 180°C/350°F/dujų žymeklio 4 įkaitintoje orkaitėje 30 minučių. Atsukite ir leiskite atvėsti.

Ištepkite pyragus kartu su citrinine varške ir puse bananų griežinėlių. Likusias bananų skilteles apšlakstykite 15 ml/1 šaukštu citrinos sulčių. Likusias citrinos sultis sumaišykite su cukraus pudra, kad susidarytų standus glajus (glajus). Tortą aptepkite glajumi ir papuoškite banano griežinėliais.

Blenderiu bananų šokoladinį pyragą

Padarykite 20 cm/8 tortą

225 g/8 uncijos/2 puodeliai savaime kylančių (savaime kylančių) miltų

2,5 ml/½ šaukštelio kepimo miltelių

40 g/1½ uncijos/3 šaukštai geriamojo šokolado miltelių

2 kiaušiniai

60 ml/4 šaukštai pieno

150 g / 5 uncijos / 2/3 puodelio smulkaus cukraus (labai smulkus).

100 g/4 uncijos/½ puodelio minkšto margarino

2 prinokę bananai, supjaustyti

Sumaišykite miltus, kepimo miltelius ir geriamąjį šokoladą. Likusius ingredientus sumaišykite trintuvu arba virtuviniu kombainu apie. 20 sekundžių – mišinys atrodys garbanotas. Supilkite sausus ingredientus ir gerai išmaišykite. Sudėkite į riebalais išteptą ir išklotą 20 cm/8 torto formą ir kepkite iki 180°C/350°F/dujų žymeklio 4 įkaitintoje orkaitėje apytiksliai. 1 valandą, kol į centrą įsmeigtas iešmas išeis švarus. Padėkite ant grotelių, kad atvėstų.

Bananų ir žemės riešutų pyragas

Padaromas 900 g/2 svarų pyragas

275 g / 10 uncijos / 2½ puodeliai paprastų (universalių) miltų

225 g/8 uncijos/1 puodelis smulkaus cukraus (labai smulkus).

100 g / 4 uncijos / 1 puodelis žemės riešutų, smulkiai pjaustytų

15 ml/1 valgomasis šaukštas kepimo miltelių

Žiupsnelis druskos

2 kiaušiniai, atskirti

6 bananai, sutrinti

Nutarkuota 1 mažos citrinos žievelė ir sultys

50 g/2 uncijos/¼ puodelio sviesto arba margarino, ištirpinto

Sumaišykite miltus, cukrų, riešutus, kepimo miltelius ir druską. Kiaušinių trynius išplakite ir įmaišykite į mišinį su bananais, citrinos žievele ir sultimis bei sviestu arba margarinu. Kiaušinių baltymus išplakite iki standžių putų, tada įmaišykite į masę. Supilkite į riebalais išteptą 900 g/2 svarų kepimo formą ir kepkite iki 180°C/350°F/dujų žymės 4 įkaitintoje orkaitėje 1 valandą, kol į vidurį įsmeigtas iešmas išeis švarus.

„Viskas viename" bananų ir razinų pyragas

Padaromas 900 g/2 svarų pyragas

450 g prinokusių bananų, sutrintų

50 g/2 uncijos/½ puodelio kapotų sumaišytų riešutų

120 ml / 4 fl uncijos / ½ puodelio saulėgrąžų aliejaus

100 g/4 uncijos/2/3 puodelio razinų

75 g/3 uncijos/¾ puodelio valcuotų avižų

150 g/5 uncijos/1¼ stiklinės viso grūdo miltų (nesmulkintų kviečių)

1,5 ml/¼ šaukštelio migdolų esencijos (ekstraktas)

Žiupsnelis druskos

Sumaišykite visus ingredientus į minkštą, drėgną mišinį. Supilkite į riebalais išteptą ir išklotą 900 g/2 svarų kepimo formą ir kepkite iki 190°C/375°F/dujų žymės 5 įkaitintoje orkaitėje 1 valandą, kol taps auksinės rudos spalvos, o į vidurį įsmeigtas iešmas bus švarus. Prieš išversdami, 10 minučių atvėsinkite skardoje.

Bananų ir viskio pyragas

Padarykite 25 cm/10 tortą

225 g/8 uncijos/1 puodelis sviesto arba margarino, suminkštinto

450 g / 1 svaras / 2 puodeliai minkšto rudojo cukraus

3 prinokę bananai, sutrinti

4 kiaušiniai, lengvai paplakti

175 g/6 uncijos/1½ puodelio pekano riešutų, stambiai pjaustytų

225 g/8 uncijos/11/3 puodeliai sultonų (auksinių razinų)

350 g/12 uncijų/3 puodeliai paprastų (universalių) miltų

15 ml/1 valgomasis šaukštas kepimo miltelių

5 ml/1 šaukštelis malto cinamono

2,5 ml/½ šaukštelio malto imbiero

2,5 ml/½ šaukštelio tarkuoto muskato riešuto

150 ml / ¼ pinto / 2/3 puodelio viskio

Sviestą arba margariną ir cukrų išmaišykite iki šviesios ir purios masės. Įmaišykite bananus ir palaipsniui įmuškite kiaušinius. Riešutus ir sultonus sumaišykite su dideliu šaukštu miltų, tada atskirame dubenyje sumaišykite likusius miltus su kepimo milteliais ir prieskoniais. Į grietinėlės mišinį pakaitomis su viskiu įmaišykite miltus. Sulenkite riešutus ir sultonus. Supilkite mišinį į riebalais neteptą 25 cm/10 torto formą (skarda) ir kepkite iki 180°C/350°F/dujinė žyma 4 įkaitintoje orkaitėje 1¼ valandos, kol taps elastinga. Palikite 10 minučių atvėsti keptuvėje, tada išverskite ant grotelių, kad baigtumėte atvėsti.

Mėlynių pyragas

Padarykite 23 cm/9 tortą

175 g/6 uncijos/¾ puodelio smulkaus cukraus (labai smulkus).

60 ml/4 šaukštai aliejaus

1 kiaušinis, lengvai paplaktas

120 ml / ½ puodelio pieno

225 g/8 uncijos/2 puodeliai paprastų (universalių) miltų

10 ml/2 šaukštelio kepimo miltelių

2,5 ml / ½ šaukštelio druskos

225 g / 8 uncijos mėlynių

Užpilui:

50 g/2 uncijos/¼ puodelio sviesto arba margarino, ištirpinto

100 g / 4 uncijos / ½ puodelio granuliuoto cukraus

50 g/2 uncijos/¼ puodelio paprastų (universalių) miltų

2,5 ml/½ šaukštelio malto cinamono

Cukrų, aliejų ir kiaušinius išplakti iki vientisos masės. Supilkite pieną, tada sumaišykite miltus, kepimo miltelius ir druską. Sulenkite mėlynes. Supilkite mišinį į riebalais išteptą ir miltais pabarstytą 23 cm/9 torto formą. Sumaišykite užpilui skirtus ingredientus ir pabarstykite mišinį. Kepkite iki 190°C įkaitintoje orkaitėje 50 minučių, kol į vidurį įsmeigtas iešmas išeis švarus. Patiekite šiltą.

Vyšnių akmenimis grįstas pyragas

Padaromas 900 g/2 svarų pyragas

175 g/6 uncijos/¾ puodelio sviesto arba margarino, suminkštinto

175 g/6 uncijos/¾ puodelio smulkaus cukraus (labai smulkus).

3 kiaušiniai, sumušti

225 g/8 uncijos/2 puodeliai paprastų (universalių) miltų

2,5 ml/½ šaukštelio kepimo miltelių

100 g/4 uncijos/2/3 puodelio sultonų (auksinių razinų)

150 g/5 uncijos/2/3 puodelio glazūruotų (cukruotų) vyšnių, supjaustytų ketvirčiais

225 g / 8 uncijos šviežios vyšnios, be kauliukų (be kauliukų) ir per pusę

30 ml/2 šaukštai abrikosų uogienės (konservas)

Sviestą arba margariną išplakite iki minkštumo, tada supilkite cukrų. Įmaišykite kiaušinius, tada miltus, kepimo miltelius, sultonus ir vyšnias. Supilkite į riebalais išteptą 900 g/2 svarų kepimo formą ir kepkite iki 160°C/325°F/dujų žymeklio 3 įkaitintoje orkaitėje 2,5 valandos. Palikite skardoje 5 minutes, tada išverskite ant grotelių, kad baigtumėte atvėsti.

Iš eilės dėkite vyšnias ant torto viršaus. Abrikosų uogienę išvirkite nedidelėje keptuvėje, perkoškite (perkoškite) ir aptepkite pyrago viršų, kad suteptų.

Vyšnių ir kokosų pyragas

Padarykite 20 cm/8 tortą

350 g/12 oz/3 puodeliai savaime kylančių (savaime kylančių) miltų

175 g/6 uncijos/¾ puodelio sviesto arba margarino

225 g/8 uncijos/1 puodelis glazūruotų (cukruotų) vyšnių, supjaustytų ketvirčiais

100 g/4 uncijos/1 puodelis džiovinto (susmulkinto) kokoso

175 g/6 uncijos/¾ puodelio smulkaus cukraus (labai smulkus).

2 dideli kiaušiniai, lengvai paplakti

200 ml / 7 fl oz / mažas 1 puodelis pieno

Miltus suberkite į dubenį ir įtrinkite sviestu arba margarinu, kol masė taps panaši į džiūvėsėlius. Vyšnias įmeskite į kokosą, tada suberkite į cukraus mišinį ir lengvai išmaišykite. Įmuškite kiaušinius ir didžiąją dalį pieno. Gerai išplakite, jei reikia, įpilkite pieno, kad gautumėte minkštą lašelio konsistenciją. Pasukite į riebalais išteptą ir išklotą 20 cm/8 torto formą. Kepkite iki 180°C/350°F/dujų žymės 4 įkaitintoje orkaitėje 1,5 valandos, kol į vidurį įsmeigtas iešmas išeis švarus.

Vyšnių ir sultonos pyragas

Padaromas 900 g/2 svarų pyragas

100 g/4 uncijos/½ puodelio sviesto arba margarino, suminkštinto

100 g/4 uncijos/½ puodelio smulkaus cukraus (labai smulkus).

3 kiaušiniai, lengvai paplakti

100 g/4 uncijos/½ puodelio glazūruotų (cukruotų) vyšnių

350 g/12 uncijų/2 puodeliai sultonų (auksinių razinų)

175 g/6 uncijos/1½ puodelio paprastų (universalių) miltų

Žiupsnelis druskos

Sviestą arba margariną ir cukrų išmaišykite iki šviesios ir purios masės. Palaipsniui įmuškite kiaušinius. Suberkite vyšnias ir sultonus į dalį miltų, kad pasidengtų, o likusius miltus įmaišykite į druskos mišinį. Įmaišykite vyšnias ir sultonus. Supilkite mišinį į riebalais išteptą ir išklotą 900 g/2 svarų kepimo formą ir kepkite iki 160°C/325°F/dujų žymės 3 įkaitintoje orkaitėje 1,5 valandos, kol į centrą įsmeigtas iešmas išeis švarus.

Ledinis vyšnių ir riešutų pyragas

Padarykite 18 cm/7 tortą

100 g/4 uncijos/½ puodelio sviesto arba margarino, suminkštinto

100 g/4 uncijos/½ puodelio smulkaus cukraus (labai smulkus).

2 kiaušiniai, lengvai paplakti

15 ml/1 valgomasis šaukštas skaidraus medaus

150 g/5 uncijos/1¼ puodeliai savaime kylančių (savaime kylančių) miltų

5 ml/1 arbatinis šaukštelis kepimo miltelių

Žiupsnelis druskos

Papuošimui:

225 g / 8 uncijos / 11/3 puodeliai smulkaus (konditerių) cukraus, išsijotas

30 ml/2 šaukštai vandens

Keli lašai raudonų maistinių dažų

4 glacé (cukruotos) vyšnios, perpjautos per pusę

4 graikinių riešutų pusės

Sviestą arba margariną ir cukrų išmaišykite iki šviesios ir purios masės. Palaipsniui įmuškite kiaušinius ir medų, tada įmaišykite miltus, kepimo miltelius ir druską. Supilkite mišinį į riebalais išteptą ir išklotą 18 cm/8 torto formą (skarda) ir kepkite iki 190°C/375°F/dujų žymė 5 įkaitintoje orkaitėje 20 minučių, kol gerai iškils ir taps tvirtai liesti. Leiskite atvėsti.

Į dubenį suberkite cukraus pudrą ir palaipsniui įpilkite vandens tiek, kad susidarytų tepamas glajus (glajus). Didžiąją jo dalį paskleiskite ant torto viršaus. Likusį glajų nudažykite keliais lašais maistinių dažų, įpilkite šiek tiek daugiau cukraus pudros, jei dėl to glajus taps per plonas. Supjaustykite pyragą arba pabarstykite jį raudonu glajumi, tada papuoškite vyšniomis ir graikiniais riešutais.

Damsono pyragas

Padarykite 20 cm/8 tortą

100 g/4 uncijos/½ puodelio sviesto arba margarino, suminkštinto

75 g / 3 uncijos / 1/3 puodelio minkšto rudojo cukraus

2 kiaušiniai, lengvai paplakti

225 g/8 uncijos/2 puodeliai savaime kylančių (savaime kylančių) miltų

450 g/1 svaro damsons, be kauliukų (be kauliukų) ir per pusę

50 g/2 uncijos/½ puodelio kapotų sumaišytų riešutų.

Sviestą arba margariną ir cukrų sutrinkite iki šviesios ir purios masės, tada palaipsniui įmuškite kiaušinius, kiekvieną kartą gerai išplakdami. Supilkite miltus ir damsonus. Supilkite mišinį į riebalais išteptą ir išklotą 20 cm/8 torto formą (kepimo formą) ir pabarstykite riešutais. Kepkite iki 190°C įkaitintoje orkaitėje 45 minutes, kol sutvirtės. Palikite 10 minučių atvėsti skardoje, tada išverskite ant grotelių, kad visiškai atvėstų.

Datulių ir riešutų pyragas

Padarykite 23 cm/9 tortą

300 ml/½ pt/1¼ stiklinės verdančio vandens

225 g/8 uncijos/11/3 puodeliai datulių, be kauliukų (be kauliukų) ir susmulkintų

5 ml/1 arbatinis šaukštelis sodos bikarbonatas (kepimo soda)

75 g/3 uncijos/1/3 puodelio sviesto arba margarino, suminkštinto

225 g/8 uncijos/1 puodelis smulkaus cukraus (labai smulkus).

1 kiaušinis, sumuštas

275 g / 10 uncijos / 2½ puodeliai paprastų (universalių) miltų

Žiupsnelis druskos

2,5 ml/½ šaukštelio kepimo miltelių

50 g / 2 uncijos / ½ puodelio graikinių riešutų, susmulkintų

Užpilui:

50 g/2 uncijos/¼ puodelio minkšto rudojo cukraus

25 g/1 uncijos/2 šaukštai sviesto arba margarino

30 ml/2 šaukštai pieno

Kai kurios graikinių riešutų pusės papuošimui

Į dubenį supilkite vandenį, datules ir bikarbonatą ir palikite 5 minutėms. Sumaišykite sviestą arba margariną ir cukrų, kol suminkštės, tada įmaišykite kiaušinį su vandeniu ir datulėmis. Sumaišykite miltus, druską ir kepimo miltelius, tada įmaišykite į masę su graikiniais riešutais. Sudėkite į riebalais išteptą ir išklotą 23 cm/9 skersmens torto formą (skarda) ir kepkite iki 180°C/350°F/dujų ženklo 4 įkaitintoje orkaitėje 1 valandą, kol sutvirtės. Atvėsinkite ant grotelių.

Užpilui sumaišykite cukrų, sviestą ir pieną iki vientisos masės. Aptepkite pyragą ir papuoškite graikinių riešutų puselėmis.

Citrininis pyragas

Padarykite 20 cm/8 tortą

175 g/6 uncijos/¾ puodelio sviesto arba margarino, suminkštinto

175 g/6 uncijos/¾ puodelio smulkaus cukraus (labai smulkus).

2 kiaušiniai, sumušti

225 g/8 uncijos/2 puodeliai savaime kylančių (savaime kylančių) miltų

1 citrinos sultys ir tarkuota žievelė

60 ml/4 šaukštai pieno

Sumaišykite sviestą arba margariną ir 100 g / 4 uncijos / ½ puodelio cukraus. Po truputį įmuškite kiaušinius, tada įmaišykite miltus ir nutarkuotą citrinos žievelę. Įmaišykite tiek pieno, kad susidarytų minkšta konsistencija. Supilkite mišinį į riebalais išteptą ir išklotą 20 cm/8 torto formą ir kepkite iki 180°C/350°F/dujų žymė 4 įkaitintoje orkaitėje 1 valandą, kol pakils ir taps auksinės spalvos. Likusį cukrų ištirpinkite citrinos sultyse. Šiltą pyragą subadykite šakute ir užpilkite sulčių mišiniu. Leiskite atvėsti.

Apelsinų ir migdolų pyragas

Padarykite 20 cm/8 tortą

4 kiaušiniai, atskirti

100 g/4 uncijos/½ puodelio smulkaus cukraus (labai smulkus).

Nutarkuota 1 apelsino žievelė

50 g/2 uncijos/½ puodelio migdolų, smulkiai pjaustytų

50 g/2 uncijos/½ puodelio maltų migdolų

Sirupui:

100 g/4 uncijos/½ puodelio smulkaus cukraus (labai smulkus).

300 ml/½ pt/1¼ puodelio apelsinų sulčių

15 ml/1 valgomasis šaukštas apelsinų likerio (nebūtina)

1 cinamono lazdelė

Suplakite kiaušinių trynius, cukrų, apelsino žievelę, migdolus ir maltus migdolus. Kiaušinių baltymus išplakite iki standžių putų, tada įmaišykite į masę. Supilkite į riebalais išteptą ir miltais pabarstytą 20 cm/8 skersmens kepimo formą ir kepkite iki 180°C įkaitintoje orkaitėje 4 45 minutes, kol sutvirtės. Viską susmeikite smeigtuku ir leiskite atvėsti.

Tuo tarpu apelsinų sultyse ir likeryje, jei naudojate, ištirpinkite cukrų ant mažos ugnies su cinamono lazdele, retkarčiais pamaišydami. Užvirkite ir virkite, kol suminkštės iki plono sirupo. Išmeskite cinamoną. Supilkite karštą sirupą ant pyrago ir leiskite jam susigerti.

Avižinių dribsnių pyragas

Padaromas 900 g/2 svarų pyragas

100 g / 4 uncijos / 1 puodelis valcuotų avižų

300 ml/½ pt/1¼ stiklinės verdančio vandens

100 g/4 uncijos/½ puodelio sviesto arba margarino, suminkštinto

225 g / 8 uncijos / 1 puodelis minkšto rudojo cukraus

225 g/8 uncijos/1 puodelis smulkaus cukraus (labai smulkus).

2 kiaušiniai, lengvai paplakti

175 g/6 uncijos/1½ puodelio paprastų (universalių) miltų

10 ml/2 šaukštelio kepimo miltelių

5 ml/1 arbatinis šaukštelis sodos bikarbonatas (kepimo soda)

5 ml/1 šaukštelis malto cinamono

Avižinius dribsnius pamirkykite verdančiame vandenyje. Sviestą arba margariną ir cukrų išmaišykite iki šviesios ir purios masės. Palaipsniui įmuškite kiaušinius, tada įmaišykite miltus, kepimo miltelius, sodos bikarbonatą ir cinamoną. Galiausiai supilkite avižinių dribsnių mišinį ir maišykite, kol gerai susimaišys. Supilkite į riebalais išteptą ir išklotą 900 g/2 svarų kepimo formą ir kepkite iki 180°C/350°F/dujų žymeklio 4 įkaitintoje orkaitėje apytiksliai. 1 valandą, kol sutvirtės.

Traškus matinis mandarinų pyragas

Padarykite 20 cm/8 tortą

175 g/6 uncijos/3/4 puodelio minkšto margarino

250 g / 9 uncijų / gausus 1 puodelis smulkaus (labai smulkaus) cukraus

225 g/8 uncijos/2 puodeliai savaime kylančių (savaime kylančių) miltų

5 ml/1 arbatinis šaukštelis kepimo miltelių

3 kiaušiniai

Smulkiai nutarkuota 1 mažo apelsino žievelė ir sultys

300 g/11 uncijos/1 vidutinės skardinės mandarinų, gerai nusausinti

Smulkiai nutarkuota žievelė ir 1/2 citrinos sultys

Margariną, 175 g cukraus, miltus, kepimo miltelius, kiaušinius, apelsino žievelę ir sultis sumaišykite virtuviniu kombainu arba elektriniu plaktuvu išplakite iki vientisos masės. Stambiai supjaustykite mandarinus ir supilkite. Supilkite į riebalais išteptą ir išklotą 20 cm/8 torto formą (formą). Lygus paviršius. Kepkite iki 180°C įkaitintoje orkaitėje 1 valandą 10 minučių arba tol, kol į vidurį įsmeigtas iešmas bus švarus. Atvėsinkite 5 minutes, tada išimkite iš skardos ir padėkite ant grotelių. Tuo tarpu likusį cukrų sumaišykite su citrinos žievele ir sultimis į tyrę. Paskleiskite ant viršaus ir palikite atvėsti.

Apelsinų pyragas

Padarykite 20 cm/8 tortą

175 g/6 uncijos/¾ puodelio sviesto arba margarino, suminkštinto

175 g/6 uncijos/¾ puodelio smulkaus cukraus (labai smulkus).

2 kiaušiniai, sumušti

225 g/8 uncijos/2 puodeliai savaime kylančių (savaime kylančių) miltų

1 apelsino sultys ir tarkuota žievelė

60 ml/4 šaukštai pieno

Sumaišykite sviestą arba margariną ir 100 g / 4 uncijos / ½ puodelio cukraus. Po truputį įmuškite kiaušinius, tada įmaišykite miltus ir tarkuotą apelsino žievelę. Įmaišykite pakankamai pieno, kad susidarytų minkšta konsistencija. Supilkite mišinį į riebalais išteptą ir išklotą 20 cm/8 skersmens torto formą ir kepkite iki 180°C/350°F/dujų žymė 4 įkaitintoje orkaitėje 1 valandą, kol pakils ir taps auksinės spalvos. Apelsinų sultyse ištirpinkite likusį cukrų. Šiltą pyragą subadykite šakute ir užpilkite sulčių mišiniu. Leiskite atvėsti.

Persikų pyragas

Padarykite 23 cm/9 tortą

100 g/4 uncijos/½ puodelio sviesto arba margarino, suminkštinto

225 g/8 uncijos/1 puodelis smulkaus cukraus (labai smulkus).

3 kiaušiniai, atskirti

450 g/1 svaras/4 puodeliai paprastų (universalių) miltų

Žiupsnelis druskos

5 ml/1 arbatinis šaukštelis sodos bikarbonatas (kepimo soda)

120 ml / ½ puodelio pieno

225 g/8 uncijos/2/3 puodelio persikų uogienės (konservas)

Sumaišykite sviestą arba margariną ir cukrų. Palaipsniui įmaišykite kiaušinių trynius, tada suberkite miltus ir druską. Sumaišykite sodos bikarbonatą su pienu, tada įmaišykite į pyrago mišinį, o po to - uogienę. Kiaušinių baltymus išplakite iki standžių putų, tada įmaišykite į masę. Supilkite į dvi riebalais išteptas ir išklotas 23 cm/9 torto formas ir kepkite iki 180°C įkaitintoje orkaitėje 25 minutes, kol gražiai iškils ir taps elastingas.

Apelsinų ir Marsalos pyragas

Padarykite 23 cm/9 tortą

175 g/6 uncijos/1 puodelis sultonų (auksinių razinų)

120 ml / 4 fl uncijos / ½ puodelio Marsala

175 g/6 uncijos/¾ puodelio sviesto arba margarino, suminkštinto

100 g/4 uncijos/½ puodelio minkšto rudojo cukraus

225 g/8 uncijos/1 puodelis smulkaus cukraus (labai smulkus).

3 kiaušiniai, lengvai paplakti

Smulkiai tarkuota 1 apelsino žievelė

5 ml/1 arbatinis šaukštelis apelsinų gėlių vandens

275 g / 10 uncijos / 2½ puodeliai paprastų (universalių) miltų

10 ml/2 šaukštelis sodos bikarbonato (kepimo soda)

Žiupsnelis druskos

375 ml/13 fl oz/1½ puodelio pasukų

Apelsinų likerinis glajus

Mirkykite sultonus Marsaloje per naktį.

Sviestą arba margariną ir cukrų išmaišykite iki šviesios ir purios masės. Palaipsniui įmuškite kiaušinius, tada įmaišykite apelsino žievelę ir apelsinų žiedų vandenį. Sumaišykite miltus, sodos bikarbonatą ir druską pakaitomis su pasukomis. Įmaišykite išmirkytus sultonus ir Marsalą. Supilkite į dvi riebalais išteptas ir išklotas 23 cm/9 torto formas ir kepkite iki 180°C/350°F/gas mark 4 įkaitintoje orkaitėje 35 minutes, kol taps elastingos ir pradės trauktis nuo formų kraštų. Palikite 10 minučių atvėsti skardinėse, tada išverskite ant grotelių, kad baigtumėte atvėsti.

Pyragėlius aptepkite puse apelsinų likerinio glaisto, tada ant viršaus aptepkite likusiu glaistu.

Persikų ir kriaušių pyragas

Padarykite 23 cm/9 tortą

175 g/6 uncijos/¾ puodelio sviesto arba margarino, suminkštinto

150 g / 5 uncijos / 2/3 puodelio smulkaus cukraus (labai smulkus).

2 kiaušiniai, lengvai paplakti

75 g/3 uncijos/¾ puodelio pilno grūdo (viso grūdo) miltų.

75 g/3 uncijos/¾ puodelio paprastų (universalių) miltų

10 ml/2 šaukštelio kepimo miltelių

15 ml/1 valgomasis šaukštas pieno

2 persikai, kauliukai (be kauliukų), nulupti ir susmulkinti

2 kriaušės, nuluptos, nuluptos ir susmulkintos

30 ml/2 šaukštai cukraus pudros (konditerinis cukrus), persijotas

Sviestą arba margariną ir cukrų išmaišykite iki šviesios ir purios masės. Palaipsniui įmuškite kiaušinius, tada suberkite miltus ir kepimo miltelius, supilkite pieną, kad masė būtų varvančios konsistencijos. Sulenkite persikus ir kriaušes. Supilkite mišinį į riebalais išteptą ir išklotą 23 cm/9 torto formą (skarda) ir kepkite iki 190°C įkaitintoje orkaitėje 1 valandą, kol gerai iškils ir taps elastinga liesti. Palikite 10 minučių atvėsti keptuvėje, tada išverskite ant grotelių, kad baigtumėte atvėsti. Prieš patiekdami pabarstykite cukraus pudra.

Drėgnas ananasų pyragas

Padarykite 20 cm/8 tortą

100 g/4 uncijos/½ puodelio sviesto arba margarino

350 g / 12 uncijos / 2 puodeliai džiovintų mišrių vaisių (vaisių pyrago mišinys)

225 g / 8 uncijos / 1 puodelis minkšto rudojo cukraus

5 ml/1 arbatinis šaukštelis sumaišytų (obuolių pyrago) prieskonių

5 ml/1 arbatinis šaukštelis sodos bikarbonatas (kepimo soda)

425 g/15 oz/1 didelė skardinė nesaldinti susmulkinti ananasai, nusausinti

225 g/8 uncijos/2 puodeliai savaime kylančių (savaime kylančių) miltų

2 kiaušiniai, sumušti

Visus ingredientus, išskyrus miltus ir kiaušinius, sudėkite į keptuvę ir švelniai kaitinkite iki užvirimo, gerai išmaišykite. Virkite tolygiai 3 minutes, tada leiskite mišiniui visiškai atvėsti. Įmaišykite miltus, tada palaipsniui įmaišykite kiaušinius. Supilkite mišinį į riebalais išteptą ir išklotą 20 cm/8 torto formą ir kepkite iki 180°C/350°F/dujinės žymos 4 įkaitintoje orkaitėje 1½–1¾ valandos, kol gerai iškils ir taps kietas liečiant. Palikite atvėsti formoje.

Ananasų ir vyšnių pyragas

Padarykite 20 cm/8 tortą

100 g/4 uncijos/½ puodelio sviesto arba margarino, suminkštinto

100 g/4 uncijos/1 puodelis smulkaus cukraus (labai smulkus).

2 kiaušiniai, sumušti

225 g/8 uncijos/2 puodeliai savaime kylančių (savaime kylančių) miltų

2,5 ml/½ šaukštelio kepimo miltelių

2,5 ml/½ šaukštelio malto cinamono

175 g/6 uncijos/1 puodelis sultonų (auksinių razinų)

25 g/1 uncijos/2 šaukštai glazūruotų (cukruotų) vyšnių

400g/14oz/1 didelės skardinės ananasai, nusausinti ir susmulkinti

30 ml/2 šaukštai konjako arba romo

Cukraus glazūra (konditerinis) sijotas iki dulkių

Sviestą arba margariną ir cukrų išmaišykite iki šviesios ir purios masės. Palaipsniui įmuškite kiaušinius, tada įmaišykite miltus, kepimo miltelius ir cinamoną. Atsargiai įmaišykite likusius ingredientus. Supilkite mišinį į riebalais išteptą ir išklotą 20 cm/8 skersmens torto formą ir kepkite iki 160°C įkaitintoje orkaitėje 1,5 valandos, kol į centrą įsmeigtas iešmas išeis švarus. Palikite atvėsti, tada patiekite apibarstę cukraus pudra.

Natal ananasų pyragas

Padarykite 23 cm/9 tortą

50 g/2 uncijos/¼ puodelio sviesto arba margarino

100 g/4 uncijos/½ puodelio smulkaus cukraus (labai smulkus).

1 kiaušinis, lengvai paplaktas

150 g/5 uncijos/1¼ puodeliai savaime kylančių (savaime kylančių) miltų

Žiupsnelis druskos

120 ml / ½ puodelio pieno

Užpilui:

100g/4oz šviežių arba konservuotų ananasų, stambiai sutarkuotų

1 valgomasis (desertinis) obuolys, nuluptas, nuluptas ir stambiai tarkuotas

120 ml / ½ puodelio apelsinų sulčių

15 ml/1 valgomasis šaukštas citrinos sulčių

100 g/4 uncijos/½ puodelio smulkaus cukraus (labai smulkus).

5 ml/1 šaukštelis malto cinamono

Ištirpinkite sviestą arba margariną ir išplakite cukrų bei kiaušinius iki putų. Pakaitomis su pienu įmaišykite miltus ir druską, kad susidarytų tešla. Supilkite į riebalais išteptą ir išklotą 23 cm/9 torto formą (skarda) ir kepkite iki 180°C/350°F/dujinės žymos 4 įkaitintoje orkaitėje 25 minutes, kol taps auksinės spalvos ir elastingai.

Užvirinkite visus užpilo ingredientus ir leiskite virti 10 minučių. Supilkite ant karšto pyrago ir ant grotelių (skrudinkite), kol ananasas pradės ruduoti. Prieš patiekdami karštą arba šaltą atvėsinkite.

Ananasas aukštyn kojom

Padarykite 20 cm/8 tortą

175 g/6 uncijos/¾ puodelio sviesto arba margarino, suminkštinto

175 g/6 uncijos/¾ puodelio minkšto rudojo cukraus

400g/14oz/1 didelės skardinės ananaso griežinėliai, nusausinti ir sultys rezervuotos

4 glacé (cukruotos) vyšnios, perpjautos per pusę

2 kiaušiniai

100 g/4 uncijos/1 puodelis savaime kylančių (savaime kylančių) miltų

75 g/3 uncijos/1/3 puodelio sviesto arba margarino su 75 g/3 oz/1/3 puodelio cukraus sutrinkite iki šviesios ir purios masės ir paskleiskite ant riebalais išteptos 20 cm/8 torto formos (kepimo formos) dugno.). Ant viršaus uždėkite ananaso skilteles ir apvalia puse žemyn pabarstykite vyšniomis. Sumaišykite likusį sviestą arba margariną ir cukrų, tada palaipsniui įmuškite kiaušinius. Supilkite miltus ir 30 ml/2 šaukštus rezervuotų ananasų sulčių. Supilkite ant ananasų ir kepkite iki 180°C įkaitintoje orkaitėje 45 minutes, kol sutvirtės. Palikite atvėsti keptuvėje 5 minutes, tada atsargiai išimkite iš formos ir išverskite ant grotelių, kad atvėstų.

Ananasų ir riešutų pyragas

Padarykite 23 cm/9 tortą

225 g/8 uncijos/1 puodelis sviesto arba margarino, suminkštinto

225 g/8 uncijos/1 puodelis smulkaus cukraus (labai smulkus).

5 kiaušiniai

350 g/12 uncijų/3 puodeliai paprastų (universalių) miltų

100 g/4 uncijos/1 puodelis graikinių riešutų, stambiai pjaustytų

100 g/4 uncijos/2/3 puodelio glazūruotų (cukruotų) ananasų, pjaustytų

Šiek tiek pieno

Sviestą arba margariną ir cukrų išmaišykite iki šviesios ir purios masės. Palaipsniui įmuškite kiaušinius, tada įmaišykite miltus, riešutus ir ananasus, įpilkite tiek pieno, kad susidarytų varvančios konsistencijos. Supilkite į riebalais išteptą ir išklotą 23 cm/9 torto formą (skarda) ir kepkite iki 150°C įkaitintoje orkaitėje 1,5 valandos, kol į vidurį įsmeigtas iešmas bus švarus.

Aviečių pyragas

Padarykite 20 cm/8 tortą

100 g/4 uncijos/½ puodelio sviesto arba margarino, suminkštinto

200 g / 7 uncijos / mažas 1 puodelis smulkaus (labai smulkaus) cukraus

2 kiaušiniai, lengvai paplakti

250 ml/8 fl oz/1 puodelis grietinės (pieno rūgšties).

5 ml/1 šaukštelis vanilės esencijos (ekstraktas)

250 g/9 uncijos/2¼ puodeliai paprastų (universalių) miltų

5 ml/1 arbatinis šaukštelis kepimo miltelių

5 ml/1 arbatinis šaukštelis sodos bikarbonatas (kepimo soda)

5 ml/1 arbatinis šaukštelis kakavos miltelių (nesaldinto šokolado).

2,5 ml / ½ šaukštelio druskos

100 g šviežių arba atšildytų šaldytų aviečių

Užpilui:

30 ml/2 šaukštai cukranendrių cukraus (labai smulkus).

5 ml/1 šaukštelis malto cinamono

Sumaišykite sviestą arba margariną ir cukrų. Palaipsniui įmuškite kiaušinius, tada grietinę ir vanilės esenciją. Sumaišykite miltus, kepimo miltelius, bikarbonatą, kakavą ir druską. Sulenkite avietes. Supilkite į riebalais išteptą 20cm/8 torto formą (keptuvą). Sumaišykite cukrų ir cinamoną ir pabarstykite pyrago viršų. Kepkite iki 200°C įkaitintoje orkaitėje 35 minutes, kol taps auksinės rudos spalvos, o į vidurį įsmeigtas iešmas bus švarus. Pabarstykite cukrumi, sumaišytu su cinamonu.

Rabarbarų pyragas

Padarykite 20 cm/8 tortą

225 g/8 uncijos/2 puodeliai pilno grūdo (viso grūdo) miltų.

10 ml/2 šaukštelio kepimo miltelių

10 ml/2 šaukštelio malto cinamono

45 ml/3 šaukštai skaidraus medaus

175 g/6 uncijos/1 puodelis sultonų (auksinių razinų)

2 kiaušiniai

150 ml / ¼ pt / 2/3 puodelio pieno

225 g / 8 uncijos rabarbarų, susmulkintų

30 ml/2 šaukštai demerara cukraus

Sumaišykite visus ingredientus, išskyrus rabarbarus ir cukrų. Suberkite rabarbarus ir šaukštu supilkite į riebalais išteptą ir miltais pabarstytą 20 cm/8 torto formą (formą). Pabarstykite ant cukraus. Kepkite iki 180 °C įkaitintoje orkaitėje 45 minutes, kol sutvirtės. Prieš išversdami, palikite 10 minučių atvėsti skardoje.

Rabarbarų-medaus pyragas

Padaro du 450 g/1 svaro pyragus

250 g / 9 uncijos / 2/3 puodelio skaidraus medaus

120 ml/4 fl uncijos/½ puodelio aliejaus

1 kiaušinis, lengvai paplaktas

15 ml/1 valgomasis šaukštas sodos bikarbonatas (kepimo soda)

150 ml / ¼ pt / 2/3 puodelio natūralaus jogurto

75 ml / 5 šaukštai vandens

350 g/12 uncijų/3 puodeliai paprastų (universalių) miltų

10 ml/2 šaukštelio druskos

350 g / 12 uncijų rabarbarų, smulkiai pjaustytų

5 ml/1 šaukštelis vanilės esencijos (ekstraktas)

50 g/2 uncijos/½ puodelio kapotų sumaišytų riešutų

Užpilui:

75 g / 3 uncijos / 1/3 puodelio minkšto rudojo cukraus

5 ml/1 šaukštelis malto cinamono

15 ml/1 valgomasis šaukštas sviesto arba margarino, ištirpinto

Sumaišykite medų ir aliejų, tada įmuškite kiaušinį. Sodos bikarbonatą įmaišykite į jogurtą ir vandenį, kol ištirps. Sumaišykite miltus ir druską ir pakaitomis su jogurtu supilkite medaus mišinį. Įmaišykite rabarbarus, vanilės esenciją ir riešutus. Supilkite į dvi riebalais išteptas ir išklotas 450 g/1 svaro kepalų formeles. Sumaišykite užpilui skirtus ingredientus ir pabarstykite pyragus. Kepkite iki 160°C įkaitintoje orkaitėje 1 valandą, kol viršus taps tvirtas ir auksinės spalvos. Palikite 10 minučių atvėsti skardinėse, tada išverskite ant grotelių, kad baigtumėte atvėsti.

Burokėlių pyragas

Padarykite 20 cm/8 tortą

250 g/9 uncijos/1¼ puodeliai paprastų (universalių) miltų

15 ml/1 valgomasis šaukštas kepimo miltelių

5 ml/1 šaukštelis malto cinamono

Žiupsnelis druskos

150 ml / 8 fl oz / 1 puodelis aliejaus

300 g/11 uncijų/11/3 puodelių smulkaus cukraus (labai smulkus).

3 kiaušiniai, atskirti

150 g / 5 uncijos žalių burokėlių, nuluptų ir stambiai sutarkuotų

150g/5oz morkų, stambiai sutarkuotų

100 g / 4 uncijos / 1 puodelis kapotų sumaišytų riešutų

Sumaišykite miltus, kepimo miltelius, cinamoną ir druską. Supilkite aliejų ir cukrų. Suplakite kiaušinių trynius, burokėlius, morkas ir riešutus. Kiaušinių baltymus išplakite iki standžių putų, tada metaliniu šaukštu įmaišykite į masę. Supilkite mišinį į riebalais išteptą ir išklotą 20 cm/8 skersmens torto formą (skarda) ir kepkite iki 180°C/350°F/dujų žymė 4 įkaitintoje orkaitėje 1 valandą, kol taps elastinga.

Morkų ir bananų pyragas

Padarykite 20 cm/8 tortą

175g/6oz morkos, sutarkuotos

2 bananai, sutrinti

75 g/3 uncijos/½ puodelio sultonų (auksinių razinų)

50 g/2 uncijos/½ puodelio kapotų sumaišytų riešutų

175 g/6 uncijos/1½ puodeliai savaime kylančių (savaime kylančių) miltų

5 ml/1 arbatinis šaukštelis kepimo miltelių

5 ml/1 arbatinis šaukštelis sumaišytų (obuolių pyrago) prieskonių

1 apelsino sultys ir tarkuota žievelė

2 kiaušiniai, sumušti

75 g/3 uncijos/1/2 puodelio šviesaus muskovado cukraus

100 ml / 31/2 fl uncijos / mažas 1/2 puodelio saulėgrąžų aliejaus

Sumaišykite visus ingredientus, kol gerai susimaišys. Supilkite į riebalais išteptą ir išklotą 20 cm/8 torto formą (skarda) ir kepkite iki 180°C/350°F/ gas mark 4 įkaitintoje orkaitėje 1 valandą, kol į vidurį įsmeigtas iešmas išeis švarus.

Morkų ir obuolių pyragas

Padarykite 23 cm/9 tortą

250 g/9 uncijos/2¼ puodeliai savaime kylančių (savaime kylančių) miltų

5 ml/1 arbatinis šaukštelis sodos bikarbonatas (kepimo soda)

5 ml/1 šaukštelis malto cinamono

175 g/6 uncijos/¾ puodelio minkšto rudojo cukraus

Smulkiai tarkuota 1 apelsino žievelė

3 kiaušiniai

200 ml / 7 fl oz / mažas 1 puodelis aliejaus

150g/5oz valgomieji obuoliai (desertas), nulupti, nulupti ir sutarkuoti

150g/5oz morkų, sutarkuotų

100 g/4 uncijos/2/3 puodelio paruoštų valgyti džiovintų abrikosų, susmulkintų

100 g / 4 uncijos / 1 puodelis pekano riešutų arba graikinių riešutų, susmulkintų

Sumaišykite miltus, sodos bikarbonatą ir cinamoną, tada įmaišykite cukrų ir apelsino žievelę. Kiaušinius išplakite į aliejų, tada įmaišykite obuolį, morkas ir du trečdalius abrikosų bei riešutų. Supilkite miltų mišinį ir šaukštu sukrėskite į riebalais išteptą ir išklotą 23 cm/9 torto formą (formą). Pabarstykite likusius susmulkintus abrikosus ir riešutus. Kepkite iki 180°C įkaitintoje orkaitėje 30 minučių, kol taps elastinga. Palikite šiek tiek atvėsti skardoje, tada išverskite ant grotelių, kad visiškai atvėstų.

Morkų ir cinamono pyragas

Padarykite 20 cm/8 tortą

100 g/4 uncijos/1 puodelis viso grūdo miltų (nesmulkintų kviečių).

100 g/4 uncijos/1 puodelis paprastų (universalių) miltų

15 ml/1 valgomasis šaukštas malto cinamono

5 ml/1 arbatinis šaukštelis tarkuoto muskato riešuto

10 ml/2 šaukštelio kepimo miltelių

100 g/4 uncijos/½ puodelio sviesto arba margarino

100 g / 4 uncijos / 1/3 puodelio skaidraus medaus

100 g/4 uncijos/½ puodelio minkšto rudojo cukraus

225g/8oz morkos, sutarkuotos

Dubenyje sumaišykite miltus, cinamoną, muskato riešutą ir kepimo miltelius. Sviestą arba margariną ištirpinkite su medumi ir cukrumi, tada įmaišykite į miltus. Suberkite morkas ir gerai išmaišykite. Supilkite į riebalais išteptą ir išklotą 20 cm/8 skersmens torto formą (skarda) ir kepkite iki 160°C įkaitintoje orkaitėje 1 valandą, kol į vidurį įsmeigtas iešmas išeis švarus. Palikite 10 minučių atvėsti keptuvėje, tada išverskite ant grotelių, kad baigtumėte atvėsti.

Morkų ir moliūgų pyragas

Padarykite 23 cm/9 tortą

2 kiaušiniai

175 g/6 uncijos/¾ puodelio minkšto rudojo cukraus

100g/4oz morkų, sutarkuotų

50 g/2 uncijos moliūgų (cukinijų), tarkuotų

75 ml/5 šaukštai aliejaus

225 g/8 uncijos/2 puodeliai savaime kylančių (savaime kylančių) miltų

2,5 ml/½ šaukštelio kepimo miltelių

5 ml/1 arbatinis šaukštelis sumaišytų (obuolių pyrago) prieskonių

Kreminio sūrio glaistymas

Sumaišykite kiaušinius, cukrų, morkas, moliūgą ir aliejų. Suberkite miltus, kepimo miltelius ir sumaišytus prieskonius ir išmaišykite iki vientisos tešlos. Supilkite į riebalais išteptą ir išklotą 23 cm/9 skersmens torto formą (skarda) ir kepkite iki 180°C/350°F/ gas mark 4 įkaitintoje orkaitėje 30 minučių, kol į centrą įsmeigtas iešmas išeis švarus. Leiskite atvėsti, tada aptepkite kreminio sūrio glaistu.

Morkų ir imbiero pyragas

Padarykite 20 cm/8 tortą

175 g/6 uncijos/2/3 puodelio sviesto arba margarino

100 g/4 uncijos/1/3 puodelio auksinio (šviesaus kukurūzų) sirupo

120 ml / 4 fl uncijos / ½ puodelio vandens

100 g/4 uncijos/½ puodelio minkšto rudojo cukraus

150g/5oz morkų, stambiai sutarkuotų

5 ml/1 arbatinis šaukštelis sodos bikarbonatas (kepimo soda)

200 g/7 uncijos/1¾ puodeliai paprastų (universalių) miltų

100 g/4 uncijos/1 puodelis savaime kylančių (savaime kylančių) miltų

5 ml/1 arbatinis šaukštelis malto imbiero

Žiupsnelis druskos

Glajui (glaistui):
175 g/6 uncijos/1 puodelis smulkaus cukraus, išsijotas

5 ml/1 šaukštelis sviesto arba margarino, suminkštintas

30 ml/2 šaukštai citrinos sulčių

Sviestą arba margariną ištirpinkite su sirupu, vandeniu ir cukrumi ir užvirinkite. Nukelkite nuo ugnies ir įmaišykite morkas bei sodos bikarbonatą. Leiskite atvėsti. Sumaišykite miltus, imbierą ir druską, supilkite į riebalais išteptą 20 cm/8 torto formą ir kepkite iki 180°C įkaitintoje orkaitėje 45 minutes, kol pakils ir taps elastinga. prisilietimas. Atsukite ir leiskite atvėsti.

Sumaišykite cukraus pudrą su sviestu arba margarinu ir tiek citrinos sulčių, kad susidarytų tepamas glajus. Tortą perpjaukite per pusę horizontaliai, tada puse glajaus suspauskite pyragą ir likusią dalį užtepkite ant viršaus.

Morkų ir riešutų pyragas

Padarykite 18 cm/7 tortą

2 dideli kiaušiniai, atskirti

150 g / 5 uncijos / 2/3 puodelio smulkaus cukraus (labai smulkus).

225g/8oz morkos, sutarkuotos

150 g/5 uncijos/1¼ puodeliai kapotų sumaišytų riešutų

10 ml/2 šaukštelio nutarkuotos citrinos žievelės

50 g/2 uncijos/½ puodelio paprastų (universalių) miltų

2,5 ml/½ šaukštelio kepimo miltelių

Kiaušinių trynius ir cukrų išplakti iki tirštos ir kreminės masės. Įmaišykite morkas, riešutus ir citrinos žievelę, tada suberkite miltus ir kepimo miltelius. Kiaušinių baltymus plakite iki minkštų putų, tada įmaišykite į masę. Pasukite į riebalais išteptą 19 cm/7 kvadratinę torto formą (formą). Kepkite iki 180 °C įkaitintoje orkaitėje 40–45 minutes, kol į vidurį įsmeigtas iešmas išeis švarus.

Morkų, apelsinų ir riešutų pyragas

Padarykite 20 cm/8 tortą

100 g/4 uncijos/½ puodelio sviesto arba margarino, suminkštinto

100 g/4 uncijos/½ puodelio minkšto rudojo cukraus

5 ml/1 šaukštelis malto cinamono

5 ml/1 arbatinis šaukštelis tarkuotos apelsino žievelės

2 kiaušiniai, lengvai paplakti

15 ml/1 valgomasis šaukštas apelsinų sulčių

100g/4oz morkų, smulkiai sutarkuotų

50 g/2 uncijos/½ puodelio kapotų sumaišytų riešutų

225 g/8 uncijos/2 puodeliai savaime kylančių (savaime kylančių) miltų

5 ml/1 arbatinis šaukštelis kepimo miltelių

Sviestą arba margariną, cukrų, cinamoną ir apelsino žievelę išmaišykite iki šviesios ir purios masės. Palaipsniui įmuškite kiaušinius ir apelsinų sultis, tada įmaišykite morkas, riešutus, miltus ir kepimo miltelius. Supilkite į riebalais išteptą ir išklotą 20 cm/8 torto formą (skarda) ir kepkite iki 180°C įkaitintoje orkaitėje 45 minutes, kol taps elastinga.

Morkų, ananasų ir kokosų pyragas

Padarykite 25 cm/10 tortą

3 kiaušiniai

350 g/12 uncijos/1½ puodelio smulkaus cukraus (labai smulkus).

300 ml/½ pt/1¼ puodelio aliejaus

5 ml/1 šaukštelis vanilės esencijos (ekstraktas)

225 g/8 uncijos/2 puodeliai paprastų (universalių) miltų

5 ml/1 arbatinis šaukštelis sodos bikarbonatas (kepimo soda)

10 ml/2 šaukštelio malto cinamono

5 ml/1 šaukštelis druskos

225g/8oz morkos, sutarkuotos

100g/4oz konservuotų ananasų, nusausintų ir susmulkintų

100 g/4 uncijos/1 puodelis džiovinto (susmulkinto) kokoso

100 g / 4 uncijos / 1 puodelis kapotų sumaišytų riešutų

Cukraus pudra (konditerinis) sijotas, pabarstymui

Suplakite kiaušinius, cukrų, aliejų ir vanilės esenciją. Sumaišykite miltus, sodos bikarbonatą, cinamoną ir druską ir palaipsniui įmaišykite į mišinį. Suberkite morkas, ananasus, kokosus ir riešutus. Supilkite į riebalais išteptą ir miltais pabarstytą 25 cm/10 torto formą ir kepkite iki 160°C įkaitintoje orkaitėje 1¼ valandos, kol į vidurį įsmeigtas iešmas išeis švarus. Palikite 10 minučių atvėsti keptuvėje, tada išverskite ant grotelių, kad baigtumėte atvėsti. Prieš patiekdami apibarstykite cukraus pudra.

Morkų ir pistacijų pyragas

Padarykite 23 cm/9 tortą

100 g/4 uncijos/½ puodelio sviesto arba margarino, suminkštinto

100 g/4 uncijos/½ puodelio smulkaus cukraus (labai smulkus).

2 kiaušiniai

225 g/8 uncijos/2 puodeliai paprastų (universalių) miltų

5 ml/1 arbatinis šaukštelis sodos bikarbonatas (kepimo soda)

5 ml/1 šaukštelis malto kardamono

225g/8oz morkos, sutarkuotos

50 g/2 uncijos/½ puodelio pistacijų, susmulkintų

50 g/2 uncijos/½ puodelio maltų migdolų

100 g/4 uncijos/2/3 puodelio sultonų (auksinių razinų)

Sviestą arba margariną ir cukrų išmaišykite iki šviesios ir purios masės. Palaipsniui įmuškite kiaušinius, gerai išplakdami kiekvieną kartą, tada įmaišykite miltus, sodos bikarbonatą ir kardamoną. Įmaišykite morkas, riešutus, maltus migdolus ir razinas. Supilkite mišinį į riebalais išteptą ir išklotą 23 cm/9 torto formą (skarda) ir kepkite iki 180°C įkaitintoje orkaitėje 40 minučių, kol gražiai iškils, taps auksinės spalvos ir taps elastinga liesti.

Morkų ir riešutų pyragas

Padarykite 23 cm/9 tortą

200 ml / 7 fl oz / mažas 1 puodelis aliejaus

4 kiaušiniai

225 g / 8 uncijos / 2/3 puodelio skaidraus medaus

225 g/8 uncijos/2 puodeliai pilno grūdo (viso grūdo) miltų.

10 ml/2 šaukštelio kepimo miltelių

2,5 ml/½ šaukštelio sodos bikarbonato (kepimo soda)

Žiupsnelis druskos

5 ml/1 šaukštelis vanilės esencijos (ekstraktas)

175g/6oz morkų, stambiai sutarkuotų

175 g/6 uncijos/1 puodelis razinų

100 g/4 uncijos/1 puodelis graikinių riešutų, smulkiai pjaustytų

Sumaišykite aliejų, kiaušinius ir medų. Palaipsniui sumaišykite visus likusius ingredientus ir plakite, kol gerai susimaišys. Supilkite į riebalais išteptą ir miltais pabarstytą 23 cm/9 skersmens torto formą (formą) ir kepkite iki 180°C/350°F/dujų žymė 4 įkaitintoje orkaitėje 1 valandą, kol į vidurį įsmeigtas iešmas išeis švarus.

Prieskonių morkų pyragas

Padarykite 18 cm/7 tortą

175 g/6 uncijos/1 puodelis datulių

120 ml / 4 fl uncijos / ½ puodelio vandens

175 g/6 uncijos/¾ puodelio sviesto arba margarino, suminkštinto

2 kiaušiniai, lengvai paplakti

225 g/8 uncijos/2 puodeliai savaime kylančių (savaime kylančių) miltų

175g/6oz morkų, smulkiai sutarkuotų

25 g/1 oz/¼ puodelio maltų migdolų

Nutarkuota 1 apelsino žievelė

2,5 ml/½ šaukštelio sumaišytų (obuolių pyrago) prieskonių

2,5 ml/½ šaukštelio malto cinamono

2,5 ml/½ šaukštelio malto imbiero

                       Glajui (glaistui):
350 g/12 uncijos/1½ puodelio varškės

25 g/1 uncijos/2 šaukštai sviesto arba margarino, suminkštinto

Nutarkuota 1 apelsino žievelė

Į nedidelę keptuvę suberkite datules ir vandenį, užvirkite ir troškinkite 10 minučių, kol suminkštės. Išimkite ir išmeskite kauliukus (kauliukus), tada smulkiai supjaustykite datules. Sumaišykite datules ir skystį, sviestą arba margariną ir kiaušinius iki kreminės masės. Supilkite visus likusius pyrago ingredientus. Supilkite mišinį į riebalais išteptą ir išklotą 18 cm/7 skersmens torto formą (skarda) ir kepkite iki 180°C/350°F/dujų žymė 4 įkaitintoje orkaitėje 1 valandą, kol į vidurį įsmeigtas iešmas išeis švarus. Palikite 10 minučių atvėsti keptuvėje, tada išverskite ant grotelių, kad baigtumėte atvėsti.

Norėdami pagaminti glajų, išplakite visus ingredientus iki vientisos konsistencijos, jei reikia, įpilkite šiek tiek apelsinų sulčių arba vandens. Tortą padalinkite per pusę horizontaliai, sluoksnius suspauskite kartu su puse glajaus, o likusius užtepkite ant viršaus.

Morkų ir rudojo cukraus pyragas

Padarykite 18 cm/7 tortą

5 kiaušiniai, atskirti

200 g / 7 uncijos / mažas 1 puodelis minkšto rudojo cukraus

15 ml/1 valgomasis šaukštas citrinos sulčių

300g/10oz morkų, tarkuotų

225 g/8 uncijos/2 puodeliai maltų migdolų

25 g/1 oz/¼ puodelio pilno grūdo (viso grūdo) miltų.

5 ml/1 šaukštelis malto cinamono

25 g / 1 uncijos / 2 šaukštai sviesto arba margarino, lydytas

25 g/1 uncijos/2 šaukštai cukranendrių cukraus (labai smulkus).

30 ml/2 šaukštai vienos (lengvos) grietinėlės

75 g/3 uncijos/¾ puodelio kapotų sumaišytų riešutų

Kiaušinių trynius išplakite iki putų, supilkite cukrų iki vientisos masės, tada supilkite citrinos sultis. Įmaišykite trečdalį morkų, tada trečdalį migdolų ir taip toliau maišykite, kol viskas susimaišys. Įmaišykite miltus ir cinamoną. Kiaušinių baltymus išplakite iki standžių putų, tada metaliniu šaukštu įmaišykite į masę. Supilkite į riebalais išteptą ir išklotą 18 cm/7 gylio torto formą (skarda) ir kepkite iki 180°C/350°F/dujų žymeklio 4 įkaitintoje orkaitėje 1 valandą. Laisvai uždenkite pyragą riebalams atspariu (vaškuotu) popieriumi ir sumažinkite orkaitės temperatūrą iki 160°C/325°F/dujų žymė 3 dar 15 minučių arba tol, kol pyragas šiek tiek susitrauks nuo formos kraštų, o centras vis dar bus drėgnas. . Palikite pyragą keptuvėje, kol jis sušils, tada išverskite, kad visiškai atvėstų.

Sumaišykite ištirpintą sviestą arba margariną, cukrų, grietinėlę ir riešutus, užpilkite ant pyrago ir kepkite ant vidutinės kepsninės (broilerio) iki auksinės rudos spalvos.

Cukinijų ir čiulpų pyragas

Padarykite 20 cm/8 tortą

225 g/8 uncijos/1 puodelis smulkaus cukraus (labai smulkus).

2 kiaušiniai, sumušti

120 ml/4 fl uncijos/½ puodelio aliejaus

100 g/4 uncijos/1 puodelis paprastų (universalių) miltų

5 ml/1 arbatinis šaukštelis kepimo miltelių

2,5 ml/½ šaukštelio sodos bikarbonato (kepimo soda)

2,5 ml / ½ šaukštelio druskos

100 g/4 oz moliūgų (cukinijų), sutarkuotų

100 g / 4 uncijos susmulkintų ananasų

50 g / 2 uncijos / ½ puodelio graikinių riešutų, susmulkintų

5 ml/1 šaukštelis vanilės esencijos (ekstraktas)

Cukrų ir kiaušinius išplakti iki vientisos masės ir gerai išplakti. Supilkite aliejų ir tada sausus ingredientus. Įmaišykite skvošą, ananasus, graikinius riešutus ir vanilės esenciją. Supilkite į riebalais išteptą ir miltais pabarstytą 20 cm/8 skersmens torto formą ir kepkite iki 180°C/350°F/dujų žymė 4 įkaitintoje orkaitėje 1 valandą, kol į vidurį įsmeigtas iešmas išeis švarus. Palikite 30 minučių atvėsti keptuvėje, prieš išversdami ant grotelių, kad baigtumėte atvėsti.

Skvošo ir apelsinų pyragas

Padarykite 25 cm/10 tortą

225 g/8 uncijos/1 puodelis sviesto arba margarino, suminkštinto

450 g / 1 svaras / 2 puodeliai minkšto rudojo cukraus

4 kiaušiniai, lengvai paplakti

275 g / 10 uncijos / 2½ puodeliai paprastų (universalių) miltų

15 ml/1 valgomasis šaukštas kepimo miltelių

2,5 ml / ½ šaukštelio druskos

5 ml/1 šaukštelis malto cinamono

2,5 ml/½ šaukštelio tarkuoto muskato riešuto

Žiupsnelis maltų gvazdikėlių

Nutarkuota 1 apelsino žievelė ir sultys

225 g / 8 uncijos / 2 puodeliai cukinijos, susmulkintos

Sviestą arba margariną ir cukrų išmaišykite iki šviesios ir purios masės. Pamažu įmuškite kiaušinius, tada pakaitomis suberkite miltus, kepimo miltelius, druską ir prieskonius su apelsino žievele ir sultimis. Įmaišykite moliūgą. Supilkite į riebalais išteptą ir išklotą 25 cm/10 torto formą (skarda) ir kepkite iki 180°C/350°F/dujų žymė 4 įkaitintoje orkaitėje 1 valandą, kol taps auksinės rudos spalvos ir taps elastinga liesti. Jei kepimo pabaigoje viršus pradeda per daug ruduoti, uždenkite riebalams atspariu (vaškuotu) popieriumi.

Prieskonių skvošo pyragas

Padarykite 25 cm/10 tortą

350 g/12 uncijų/3 puodeliai paprastų (universalių) miltų

10 ml/2 šaukštelio kepimo miltelių

7,5 ml/1½ šaukštelio malto cinamono

5 ml/1 arbatinis šaukštelis sodos bikarbonatas (kepimo soda)

2,5 ml / ½ šaukštelio druskos

8 kiaušinių baltymai

450 g / 1 svaras / 2 puodeliai cukraus pudros (labai smulkus).

100 g / 4 uncijos / 1 puodelis obuolių padažo (padažas)

120 ml / 4 fl uncijos / ½ puodelio pasukų

15 ml/1 valgomasis šaukštas vanilės esencijos (ekstraktas)

5 ml/1 arbatinis šaukštelis smulkiai tarkuotos apelsino žievelės

350 g/12 uncijos/3 puodeliai moliūgų (cukinijų), susmulkinti

75 g/3 uncijos/¾ puodelio graikinių riešutų, susmulkintų

Užpilui:

100 g / 4 uncijos / ½ puodelio grietinėlės sūrio

25 g/1 uncijos/2 šaukštai sviesto arba margarino, suminkštinto

5 ml/1 arbatinis šaukštelis smulkiai tarkuotos apelsino žievelės

10 ml/2 šaukštelio apelsinų sulčių

350 g/12 uncijų/2 puodeliai smulkaus cukraus, išsijotas

Sumaišykite sausus ingredientus. Plakite kiaušinių baltymus, kol susidarys minkštos smailės. Lėtai supilkite cukrų, tada obuolių padažą, pasukas, vanilės esenciją ir apelsino žievelę. Supilkite miltų mišinį, tada moliūgą ir graikinius riešutus. Supilkite į riebalais išteptą ir miltais pabarstytą 25 cm/10 torto formą ir kepkite iki 150°C įkaitintoje orkaitėje 1 valandą, kol į vidurį įsmeigtas iešmas išeis švarus. Palikite atvėsti formoje.

Visus užpilui skirtus ingredientus išplakite iki vientisos masės ir įberkite tiek cukraus, kad gautumėte tepamos konsistencijos. Tepkite ant atvėsusio pyrago.

Moliūgų pyragas

Padarykite 23 x 33 cm/9 x 13 tortą

450 g / 1 svaras / 2 puodeliai cukraus pudros (labai smulkus).

4 kiaušiniai, sumušti

375 ml/13 fl oz/1½ puodelio aliejaus

350 g/12 uncijų/3 puodeliai paprastų (universalių) miltų

15 ml/1 valgomasis šaukštas kepimo miltelių

10 ml/2 šaukštelis sodos bikarbonato (kepimo soda)

10 ml/2 šaukštelio malto cinamono

2,5 ml/½ šaukštelio malto imbiero

Žiupsnelis druskos

225 g / 8 uncijos kubeliais pjaustytas virtas moliūgas

100 g / 4 uncijos / 1 puodelis graikinių riešutų, susmulkintų

Cukrų ir kiaušinius išplakite iki vientisos masės, tada įmaišykite aliejų. Įmaišykite likusius ingredientus. Supilkite į riebalais išteptą ir miltais pabarstytą 23 x 33 cm/9 x 13 kepimo formą ir kepkite iki 180°C/350°F/dujų žymeklio 4 įkaitintoje orkaitėje 1 valandą, kol išlįs į vidurį įsmeigtas iešmas. grynas.

Vaisinis moliūgų pyragas

Padarykite 20 cm/8 tortą

100 g/4 uncijos/½ puodelio sviesto arba margarino, suminkštinto

150 g / 5 uncijos / 2/3 puodelio minkšto rudojo cukraus

2 kiaušiniai, lengvai paplakti

225g/8oz šaltai virtas moliūgas

30 ml/2 šaukštai auksinio (šviesaus kukurūzų) sirupo

225 g/8 uncijos 1/1/3 puodelio džiovintų mišrių vaisių (vaisių pyrago mišinys)

225 g/8 uncijos/2 puodeliai savaime kylančių (savaime kylančių) miltų

50 g/2 uncijos/½ puodelio sėlenų

Sviestą arba margariną ir cukrų išmaišykite iki šviesios ir purios masės. Palaipsniui įmuškite kiaušinius, tada įmaišykite likusius ingredientus. Supilkite į riebalais išteptą ir išklotą 20 cm/8 skersmens torto formą ir kepkite iki 160°C įkaitintoje orkaitėje 1¼ valandos, kol į vidurį įsmeigtas iešmas išeis švarus.

Prieskonių moliūgų vyniotinis

Padarykite 30 cm/12 ritinį

75 g/3 uncijos/¾ puodelio paprastų (universalių) miltų

5 ml/1 arbatinis šaukštelis sodos bikarbonatas (kepimo soda)

5 ml/1 arbatinis šaukštelis malto imbiero

2,5 ml/½ šaukštelio tarkuoto muskato riešuto

10 ml/2 šaukštelio malto cinamono

Žiupsnelis druskos

1 kiaušinis

225 g/8 uncijos/1 puodelis smulkaus cukraus (labai smulkus).

100 g / 4 uncijos virtas moliūgas, supjaustytas kubeliais

5 ml/1 arbatinis šaukštelis citrinos sulčių

4 kiaušinių baltymai

50 g / 2 uncijos / ½ puodelio graikinių riešutų, susmulkintų

50 g/2 uncijos/1/3 puodelio smulkaus cukraus, išsijotas

Įdarui:
175 g/6 uncijos/1 puodelis smulkaus cukraus, išsijotas

100 g / 4 uncijos / ½ puodelio grietinėlės sūrio

2,5 ml/½ šaukštelio vanilės esencijos (ekstraktas)

Sumaišykite miltus, sodos bikarbonatą, prieskonius ir druską. Kiaušinį išplakite iki tirštos ir šviesios masės, tada plakite cukrų, kol masė taps blyški ir kreminė. Įmaišykite moliūgų ir citrinų sultis. Supilkite miltų mišinį. Kiaušinių baltymus standžiai išplakame švariame dubenyje. Sulenkite pyrago mišinį ir paskleiskite į riebalais išteptą ir išklotą 30 x 12 cm/12 x 8 Swiss Roll skardą (želė ritininę skardą), o viršų pabarstykite graikiniais riešutais. Kepkite iki 190°C įkaitintoje orkaitėje 10 minučių, kol taps elastinga. Išsijokite cukraus pudrą ant švaraus virtuvinio rankšluosčio (indašluostės) ir išverskite pyragą ant rankšluosčio. Nuimkite popierinį pamušalą ir susukite pyragą bei rankšluostį ir palikite atvėsti.

Norėdami pagaminti įdarą, palaipsniui sumaišykite cukrų su kreminiu sūriu ir vanilės esencija, kol gausite tepamą mišinį. Tortą iškočiokite ir viršų aptepkite įdaru. Pyragą dar kartą susukite ir prieš patiekdami atvėsinkite pabarstę dar trupučiu cukraus pudros.

Rabarbarai ir meduoliai

Padaro du 450 g/1 svaro pyragus

250 g / 9 uncijos / ¾ puodelio skaidraus medaus

100 ml/4 fl uncijos/½ puodelio aliejaus

1 kiaušinis

5 ml/1 arbatinis šaukštelis sodos bikarbonatas (kepimo soda)

60 ml / 4 šaukštai vandens

350 g/12 uncijų/3 puodeliai pilno grūdo (viso grūdo) miltų.

10 ml/2 šaukštelio druskos

350 g / 12 uncijų rabarbarų, smulkiai pjaustytų

5 ml/1 šaukštelis vanilės esencijos (ekstraktas)

50 g / 2 uncijos / ½ puodelio kapotų sumaišytų riešutų (nebūtina)

Užpilui:
75 g/3 uncijos/1/3 puodelio muskovado cukraus

5 ml/1 šaukštelis malto cinamono

15 g/½ uncijos/1 valgomasis šaukštas sviesto arba margarino, suminkštinto

Sumaišykite medų ir aliejų. Įmuškite kiaušinį ir gerai išplakite. Į vandenį įpilkite sodos bikarbonato ir leiskite jam ištirpti. Sumaišykite miltus ir druską. Įdėkite medaus mišinį pakaitomis su bikarbonato arba sodos mišiniu. Jei naudojate, įmaišykite rabarbarus, vanilės esenciją ir riešutus. Supilkite į dvi riebalais išteptas 450 g/1 svaro kepalų formeles. Užpilui skirtus ingredientus sumaišykite ir paskleiskite ant pyrago mišinio. Kepkite iki 180°C įkaitintoje orkaitėje 1 valandą, kol taps elastinga.

Saldžiųjų bulvių pyragas

Padarykite 23 cm/9 tortą

300 g / 11 uncijos / 2¾ puodeliai paprastų (universalių) miltų

15 ml/1 valgomasis šaukštas kepimo miltelių

5 ml/1 šaukštelis malto cinamono

5 ml/1 arbatinis šaukštelis tarkuoto muskato riešuto

Žiupsnelis druskos

350 g / 12 uncijos / 1 ¾ puodeliai smulkaus cukraus (labai smulkus).

375 ml/13 fl oz/1½ puodelio aliejaus

60 ml/4 šaukštai virinto vandens

4 kiaušiniai, atskirti

225 g / 8 uncijos saldžiosios bulvės, nuluptos ir stambiai sutarkuotos

100 g / 4 uncijos / 1 puodelis kapotų sumaišytų riešutų

5 ml/1 šaukštelis vanilės esencijos (ekstraktas)

                      Glajui (glaistui):

225 g / 8 uncijos / 11/3 puodeliai smulkaus (konditerių) cukraus, išsijotas

50 g/2 uncijos/¼ puodelio sviesto arba margarino, suminkštinto

250 g/9 uncijos/1 vidutinio dydžio grietinėlės sūrio

50 g/2 uncijos/½ puodelio kapotų sumaišytų riešutų

Žiupsnelis malto cinamono pabarstymui

Sumaišykite miltus, kepimo miltelius, cinamoną, muskato riešutą ir druską. Sumaišykite cukrų ir aliejų, tada supilkite verdantį vandenį ir plakite iki vientisos masės. Sudėkite kiaušinių trynius ir miltų mišinį ir maišykite, kol gerai susimaišys. Įmaišykite saldžiąsias bulves, riešutus ir vanilės esenciją. Kiaušinių baltymus išplakite iki standžių putų, tada įmaišykite į masę. Supilkite į dvi riebalais išteptas ir miltais pabarstytas 23 cm/9 torto formas ir kepkite iki 180°C/350°F/dujų žymė 4 įkaitintoje orkaitėje 40 minučių, kol taps elastingas. Atvėsinkite skardinėse 5 minutes, tada išverskite ant grotelių, kad baigtumėte atvėsti.

Sumaišykite cukraus pudrą, sviestą arba margariną ir pusę kreminio sūrio. Vieną pyragą aptepkite puse likusio kreminio sūrio, tada sūrį aptepkite glajumi. Kartu ištepkite pyragus sviestu. Ant viršaus užtepkite likusį kreminį sūrį ir prieš patiekdami pabarstykite riešutais ir cinamonu.

Itališkas migdolų pyragas

Padarykite 20 cm/8 tortą

1 kiaušinis

150 ml / ¼ pt / 2/3 puodelio pieno

2,5 ml/½ šaukštelio migdolų esencijos (ekstraktas)

45 ml/3 šaukštai sviesto, lydytas

350 g/12 uncijų/3 puodeliai paprastų (universalių) miltų

100 g/4 uncijos/½ puodelio smulkaus cukraus (labai smulkus).

10 ml/2 šaukštelio kepimo miltelių

2,5 ml / ½ šaukštelio druskos

1 kiaušinio baltymas

100 g / 4 uncijos / 1 puodelis migdolų, susmulkintų

Dubenyje išplakite kiaušinį, tada palaipsniui plakdami supilkite pieną, migdolų esenciją ir lydytą sviestą. Suberkite miltus, cukrų, kepimo miltelius ir druską ir toliau maišykite iki vientisos masės. Supilkite į riebalais išteptą ir išklotą 20 cm/8 torto formą (formą). Kiaušinių baltymus išplakite iki putų, tada gausiai aptepkite pyrago viršų ir pabarstykite migdolais. Kepkite iki 220 °C įkaitintoje orkaitėje 25 minutes, kol taps auksinės rudos spalvos ir taps elastingos liesti.

Migdolų ir kavos tortas

Padarykite 23 cm/9 tortą

8 kiaušiniai, atskirti

175 g/6 uncijos/¾ puodelio smulkaus cukraus (labai smulkus).

60 ml/4 šaukštai stiprios juodos kavos

175 g/6 uncijos/1½ puodelio maltų migdolų

45 ml/3 šaukštai manų kruopų (kviečių grietinėlės)

100 g/4 uncijos/1 puodelis paprastų (universalių) miltų

Kiaušinių trynius ir cukrų išplakti iki labai tirštos ir kreminės masės. Suberkite kavą, maltus migdolus ir manų kruopas ir gerai išplakite. Supilkite miltus. Kiaušinių baltymus išplakite iki standžių putų, tada įmaišykite į masę. Supilkite į riebalais išteptą 23 cm/9 torto formą (skarda) ir kepkite iki 180°C/350°F/dujinė žyma 4 įkaitintoje orkaitėje 45 minutes, kol taps elastinga.

Migdolų ir medaus pyragas

Padarykite 20 cm/8 tortą

225g/8oz morkos, sutarkuotos

75 g / 3 uncijos / ¾ puodelio migdolų, susmulkintų

2 kiaušiniai, sumušti

100 ml/½ puodelio skaidraus medaus

60 ml/4 šaukštai aliejaus

150 ml / ¼ pt / 2/3 puodelio pieno

150 g/5 uncijos/1¼ stiklinės viso grūdo miltų (nesmulkintų kviečių)

10 ml/2 šaukštelio druskos

10 ml/2 šaukštelis sodos bikarbonato (kepimo soda)

15 ml/1 valgomasis šaukštas malto cinamono

Sumaišykite morkas ir riešutus. Kiaušinius išplakite su medumi, aliejumi ir pienu, tada įmaišykite į morkų mišinį. Sumaišykite miltus, druską, sodos bikarbonatą ir cinamoną ir įmaišykite į morkų mišinį. Supilkite mišinį į riebalais išteptą ir išklotą 20 cm/8 skersmens kvadratinę torto formą ir kepkite iki 150°C/300°F/2 dujų žymeklio įkaitintoje orkaitėje 1¾ valandos, kol į centrą įsmeigtas iešmas išeis švarus. Prieš išversdami, palikite 10 minučių atvėsti skardoje.

Migdolų ir citrinų pyragas

Padarykite 23 cm/9 tortą

25 g/1 oz/¼ puodelio susmulkintų (supjaustytų) migdolų

100 g/4 uncijos/½ puodelio sviesto arba margarino, suminkštinto

100 g/4 uncijos/½ puodelio minkšto rudojo cukraus

2 kiaušiniai, sumušti

100 g/4 uncijos/1 puodelis savaime kylančių (savaime kylančių) miltų

Nutarkuota 1 citrinos žievelė

Sirupui:
75 g/3 uncijos/1/3 puodelio smulkaus cukraus (labai smulkus).

45–60 ml/3–4 šaukštai citrinos sulčių

Riebalais patepkite ir išklokite 23 cm/9 torto formą (keptą), o pagrindą pabarstykite migdolais. Sumaišykite sviestą ir rudąjį cukrų. Po vieną įmuškite kiaušinius, tada įmaišykite miltus ir citrinos žievelę. Supilkite į paruoštą formą ir išlyginkite paviršių. Kepkite iki 180°C įkaitintoje orkaitėje 20-25 minutes, kol gražiai iškils ir taps elastinga liesti.

Tuo tarpu keptuvėje įkaitinkite cukraus pudrą ir citrinos sultis, retkarčiais pamaišydami, kol cukrus ištirps. Išimkite pyragą iš orkaitės ir leiskite jam atvėsti 2 minutes, tada išverskite ant grotelių, apačia į viršų. Supilkite sirupą ir leiskite visiškai atvėsti.

Migdolų pyragas su apelsinu

Padarykite 20 cm/8 tortą

225 g/8 uncijos/1 puodelis sviesto arba margarino, suminkštinto

225 g/8 uncijos/1 puodelis smulkaus cukraus (labai smulkus).

4 kiaušiniai, atskirti

225 g/8 uncijos/2 puodeliai paprastų (universalių) miltų

10 ml/2 šaukštelio kepimo miltelių

50 g/2 uncijos/½ puodelio maltų migdolų

5 ml/1 arbatinis šaukštelis tarkuotos apelsino žievelės

Sviestą arba margariną ir cukrų išmaišykite iki šviesios ir purios masės. Išplakite kiaušinių trynius, tada įmaišykite miltus, kepimo miltelius, maltus migdolus ir apelsino žievelę. Kiaušinių baltymus išplakite iki standžių putų, tada metaliniu šaukštu įmaišykite į masę. Supilkite į riebalais išteptą ir išklotą 20 cm/8 torto formą (skarda) ir kepkite iki 180°C/350°F/ gas mark 4 įkaitintoje orkaitėje 1 valandą, kol į vidurį įsmeigtas iešmas išeis švarus.

Sodrus migdolų pyragas

Padarykite 18 cm/7 tortą

100 g/4 uncijos/½ puodelio sviesto arba margarino, suminkštinto

150 g / 5 uncijos / 2/3 puodelio smulkaus cukraus (labai smulkus).

3 kiaušiniai, lengvai paplakti

75 g/3 uncijos/¾ puodelio maltų migdolų

50 g/2 uncijos/½ puodelio paprastų (universalių) miltų

Keli lašai migdolų esencijos (ekstrakto)

Sviestą arba margariną ir cukrų išmaišykite iki šviesios ir purios masės. Palaipsniui įmuškite kiaušinius, tada įmaišykite maltus migdolus, miltus ir migdolų esenciją. Supilkite į riebalais išteptą ir išklotą 18 cm/7 skersmens torto formą (skarda) ir kepkite iki 180°C/350°F/dujų žymė 4 įkaitintoje orkaitėje 45 minutes, kol taps elastinga.

Švediškas macaron pyragas

Padarykite 23 cm/9 tortą

100 g/4 uncijos/1 puodelis maltų migdolų

75 g / 3 uncijos / 1/3 puodelio granuliuoto cukraus

5 ml/1 arbatinis šaukštelis kepimo miltelių

2 dideli kiaušinių baltymai, išplakti

Sumaišykite migdolus, cukrų ir kepimo miltelius. Įmaišykite kiaušinių baltymus, kol masė taps tiršta ir vientisa. Supilkite į riebalais išteptą ir išklotą 23 cm/9 skersmens sumuštinių skardą (keptuvą) ir kepkite iki 160°C/325°F/dujų žymė 3 įkaitintoje orkaitėje 20-25 minutes, kol pakils ir taps auksinės spalvos. Labai atsargiai išimkite iš formos, nes pyragas yra trapus.

Kokosų duona

Padaro vieną 450 g/1 svaro kepalą

100 g/4 uncijos/1 puodelis savaime kylančių (savaime kylančių) miltų

225 g/8 uncijos/1 puodelis smulkaus cukraus (labai smulkus).

100 g/4 uncijos/1 puodelis džiovinto (susmulkinto) kokoso

1 kiaušinis

120 ml / ½ puodelio pieno

Žiupsnelis druskos

Visus ingredientus gerai išmaišykite ir supilkite į riebalais išteptą ir išklotą 450 g (1 svaro) kepimo formą. Kepkite iki 180°C/350°F/dujų žymė 4 įkaitintoje orkaitėje apytiksliai. 1 valanda iki auksinės spalvos ir elastingos liesti.

Kokosų pyragas

Padarykite 23 cm/9 tortą

75 g/3 uncijos/1/3 puodelio sviesto arba margarino

150 ml / ¼ pt / 2/3 puodelio pieno

2 kiaušiniai, lengvai paplakti

225 g/8 uncijos/1 puodelis smulkaus cukraus (labai smulkus).

150 g/5 uncijos/1¼ puodeliai savaime kylančių (savaime kylančių) miltų

Žiupsnelis druskos

Užpilui:

100 g/4 uncijos/½ puodelio sviesto arba margarino

75 g/3 uncijos/¾ puodelio išdžiovinto (susmulkinto) kokoso

60 ml/4 šaukštai skaidraus medaus

45 ml/3 šaukštai pieno

50 g/2 uncijos/¼ puodelio minkšto rudojo cukraus

Sviestą arba margariną ištirpinkite piene ir šiek tiek atvėsinkite. Kiaušinius ir cukraus pudrą išplakti iki šviesios ir purios masės, tada įmaišyti sviesto ir pieno mišinį. Įmaišykite miltus ir druską, kad gautumėte gana ploną mišinį. Supilkite į riebalais išteptą ir išklotą 23 cm/9 torto formą (skarda) ir kepkite iki 180°C įkaitintoje orkaitėje 40 minučių iki auksinės rudos spalvos ir elastingos liesti.

Tuo tarpu keptuvėje išvirkite užpilui skirtus ingredientus. Išverskite šiltą pyragą ir supilkite ant užpilo mišinio. Padėkite po karštu griliu (broileriu) kelioms minutėms, kol užpilas pradės ruduoti.

Auksinis kokosų pyragas

Padarykite 20 cm/8 tortą

100 g/4 uncijos/½ puodelio sviesto arba margarino, suminkštinto

200 g / 7 uncijos / mažas 1 puodelis smulkaus (labai smulkaus) cukraus

200 g/7 uncijos/1¾ puodeliai paprastų (universalių) miltų

10 ml/2 šaukštelio kepimo miltelių

Žiupsnelis druskos

175 ml/6 fl oz/¾ puodelio pieno

3 kiaušinių baltymai

Užpildymui ir užpilimui:

150 g / 5 uncijos / 1¼ puodeliai išdžiovinto (susmulkinto) kokoso

200 g / 7 uncijos / mažas 1 puodelis smulkaus (labai smulkaus) cukraus

120 ml / ½ puodelio pieno

120 ml / 4 fl uncijos / ½ puodelio vandens

3 kiaušinių tryniai

Sviestą arba margariną ir cukrų išmaišykite iki šviesios ir purios masės. Į mišinį pakaitomis su pienu ir vandeniu įmaišykite miltus, kepimo miltelius ir druską, kol gausis vientisa masė. Kiaušinių baltymus išplakite iki standžių putų, tada įmaišykite į tešlą. Supilkite mišinį į dvi riebalais išteptas 20 cm/8 torto formas ir kepkite iki 180°C/350°F/dujinės žymos 4 įkaitintoje orkaitėje 25 minutes, kol taps elastingos. Leiskite atvėsti.

Nedidelėje keptuvėje sumaišykite kokosą, cukrų, pieną ir kiaušinių trynius. Kaitinkite ant mažos ugnies keletą minučių, kol kiaušiniai išvirs, nuolat maišydami. Leiskite atvėsti. Ištepkite pyragus puse kokoso mišinio, o likusią dalį uždėkite ant viršaus.

Kokoso sluoksnio pyragas

Padarykite 9 x 18 cm/3½ x 7 tortą

100 g/4 uncijos/½ puodelio sviesto arba margarino, suminkštinto

175 g/6 uncijos/¾ puodelio smulkaus cukraus (labai smulkus).

3 kiaušiniai

175 g/6 uncijos/1½ puodelio paprastų (universalių) miltų

5 ml/1 arbatinis šaukštelis kepimo miltelių

175 g/6 uncijos/1 puodelis sultonų (auksinių razinų)

120 ml / ½ puodelio pieno

6 paprasti sausainiai (sausainiai), sutrinti

100 g/4 uncijos/½ puodelio minkšto rudojo cukraus

100 g/4 uncijos/1 puodelis džiovinto (susmulkinto) kokoso

Sviestą arba margariną ir cukraus pudrą išmaišykite iki šviesios ir purios masės. Palaipsniui įmuškite du kiaušinius, tada pakaitomis su pienu įmaišykite miltus, kepimo miltelius ir sultoną. Pusę mišinio supilkite į riebalais išteptą ir išklotą 450 g/1 svaro kepimo formą. Likusį kiaušinį sumaišykite su sausainių trupiniais, ruduoju cukrumi ir kokosu ir pabarstykite į formą. Supilkite likusį mišinį ir kepkite iki 180°C/350°F/dujų žymeklio 4 įkaitintoje orkaitėje 1 valandą. Atvėsinkite keptuvėje 30 minučių, tada išverskite ant grotelių, kad baigtumėte atvėsti.

Kokosų ir citrinų pyragas

Padarykite 20 cm/8 tortą

100 g/4 uncijos/½ puodelio sviesto arba margarino, suminkštinto

75 g / 3 uncijos / 1/3 puodelio minkšto rudojo cukraus

Nutarkuota 1 citrinos žievelė

1 kiaušinis, sumuštas

Keli lašai migdolų esencijos (ekstrakto)

350 g/12 oz/3 puodeliai savaime kylančių (savaime kylančių) miltų

60 ml/4 šaukštai aviečių uogienės (konservas)

                    Užpilui:

1 kiaušinis, sumuštas

75 g / 3 uncijos / 1/3 puodelio minkšto rudojo cukraus

225 g/8 uncijos/2 puodeliai išdžiovinto (susmulkinto) kokoso

Sviestą arba margariną, cukrų ir citrinos žievelę išmaišykite iki šviesios ir purios masės. Palaipsniui įmuškite kiaušinį ir migdolų esenciją, tada įmaišykite miltus. Supilkite mišinį į riebalais išteptą ir išklotą 20 cm/8 torto formą (formą). Supilkite uogienę ant mišinio. Sumaišykite užpilui skirtus ingredientus ir paskleiskite ant mišinio. Kepkite iki 180°C įkaitintoje orkaitėje 30 minučių, kol taps elastinga. Palikite atvėsti formoje.

Kokosinis Naujųjų metų pyragas

Padarykite 18 cm/7 tortą

100 g/4 uncijos/½ puodelio sviesto arba margarino, suminkštinto

100 g/4 uncijos/½ puodelio smulkaus cukraus (labai smulkus).

2 kiaušiniai, lengvai paplakti

75 g/3 uncijos/¾ puodelio paprastų (universalių) miltų

45 ml/3 šaukštai džiovinto (susmulkinto) kokoso

30 ml/2 šaukštai romo

Keli lašai migdolų esencijos (ekstrakto)

Keli lašai citrinos esencijos (ekstraktas)

Sviestą ir cukrų išmaišykite iki šviesios ir purios masės. Palaipsniui įmuškite kiaušinius, tada įmaišykite miltus ir kokosus. Įmaišykite romą ir esencijas. Supilkite į riebalais išteptą ir išklotą 18cm/7 torto formą (kepimo skardą) ir išlyginkite paviršių. Kepkite iki 190°C įkaitintoje orkaitėje 45 minutes, kol į vidurį įsmeigtas iešmas išeis švarus. Palikite atvėsti formoje.

Kokosas ir sultanaka

Padarykite 23 cm/9 tortą

100 g/4 uncijos/½ puodelio sviesto arba margarino, suminkštinto

175 g/6 uncijos/¾ puodelio smulkaus cukraus (labai smulkus).

2 kiaušiniai, lengvai paplakti

175 g/6 uncijos/1½ puodelio paprastų (universalių) miltų

5 ml/1 arbatinis šaukštelis kepimo miltelių

Žiupsnelis druskos

175 g/6 uncijos/1 puodelis sultonų (auksinių razinų)

120 ml / ½ puodelio pieno

Įdarui:

1 kiaušinis, lengvai paplaktas

50 g/2 uncijos/½ puodelio įprastų sausainių (tortų) trupinių

100 g/4 uncijos/½ puodelio minkšto rudojo cukraus

100 g/4 uncijos/1 puodelis džiovinto (susmulkinto) kokoso

Sviestą arba margariną ir cukraus pudrą išmaišykite iki šviesios ir purios masės. Palaipsniui įmaišykite kiaušinius. Supilkite miltus, kepimo miltelius, druską ir sultoną su pakankamai pieno, kad susidarytų minkšta konsistencija. Pusę mišinio supilkite į riebalais išteptą 23cm/9 skersmens torto formą. Sumaišykite įdarui skirtus ingredientus ir užpilkite ant mišinio, tada užpilkite likusiu pyrago mišiniu. Kepkite iki 180°C įkaitintoje orkaitėje 1 valandą, kol taps elastingos ir pradės trauktis nuo skardos kraštų. Prieš išversdami palikite atvėsti skardoje.

Traškus riešutų pyragas

Padarykite 23 cm/9 tortą

225 g/8 uncijos/1 puodelis sviesto arba margarino, suminkštinto

225 g/8 uncijos/1 puodelis smulkaus cukraus (labai smulkus).

2 kiaušiniai, lengvai paplakti

225 g/8 uncijos/2 puodeliai paprastų (universalių) miltų

2,5 ml/½ šaukštelio sodos bikarbonato (kepimo soda)

2,5 ml/½ arbatinio šaukštelio totorių grietinėlės

200 ml / 7 fl oz / mažas 1 puodelis pieno

Užpilui:

100 g / 4 uncijos / 1 puodelis kapotų sumaišytų riešutų

100 g/4 uncijos/½ puodelio minkšto rudojo cukraus

5 ml/1 šaukštelis malto cinamono

Sviestą arba margariną ir cukraus pudrą išmaišykite iki šviesios ir purios masės. Palaipsniui įmuškite kiaušinius, tada pakaitomis su pienu įmaišykite miltus, sodos bikarbonatą ir grietinėlę. Supilkite į riebalais išteptą ir išklotą 23 cm/9 torto formą (keptuvą). Sumaišykite riešutus, rudąjį cukrų ir cinamoną ir pabarstykite pyrago viršų. Kepkite iki 180°C įkaitintoje orkaitėje 40 minučių, kol taps auksinės rudos spalvos ir susitrauks nuo skardos kraštų. Palikite 10 minučių atvėsti keptuvėje, tada išverskite ant grotelių, kad baigtumėte atvėsti.

Mišrus riešutų pyragas

Padarykite 23 cm/9 tortą

100 g/4 uncijos/½ puodelio sviesto arba margarino, suminkštinto

225 g/8 uncijos/1 puodelis smulkaus cukraus (labai smulkus).

1 kiaušinis, sumuštas

225 g/8 uncijos/2 puodeliai savaime kylančių (savaime kylančių) miltų

10 ml/2 šaukštelio kepimo miltelių

Žiupsnelis druskos

250 ml / 8 fl oz / 1 puodelis pieno

5 ml/1 šaukštelis vanilės esencijos (ekstraktas)

2,5 ml/½ arbatinio šaukštelio citrinos esencijos (ekstraktas)

100 g / 4 uncijos / 1 puodelis kapotų sumaišytų riešutų

Sviestą arba margariną ir cukrų išmaišykite iki šviesios ir purios masės. Palaipsniui įmuškite kiaušinį. Sumaišykite miltus, kepimo miltelius ir druską ir pakaitomis su pienu ir esencijomis supilkite į mišinį. Sulenkite riešutus. Supilkite į dvi riebalais išteptas ir išklotas 23 cm/9 torto formas ir kepkite iki 180°F/350°F/dujinės žymos 4 įkaitintoje orkaitėje 40 minučių, kol į vidurį įsmeigtas iešmas bus švarus.

Graikiškas riešutų pyragas

Padarykite 25 cm/10 tortą

100 g/4 uncijos/½ puodelio sviesto arba margarino, suminkštinto

225 g/8 uncijos/1 puodelis smulkaus cukraus (labai smulkus).

3 kiaušiniai, lengvai paplakti

250 g/9 uncijos/2¼ puodeliai paprastų (universalių) miltų

225 g/8 uncijos/2 puodeliai graikinių riešutų, maltų

10 ml/2 šaukštelio kepimo miltelių

5 ml/1 šaukštelis malto cinamono

1,5 ml/¼ šaukštelio maltų gvazdikėlių

Žiupsnelis druskos

75 ml/5 šaukštai pieno

Medaus sirupui:

175 g/6 uncijos/¾ puodelio smulkaus cukraus (labai smulkus).

75 g / 3 uncijos / ¼ puodelio skaidraus medaus

15 ml/1 valgomasis šaukštas citrinos sulčių

250 ml / 8 fl oz / 1 puodelis verdančio vandens

Sviestą arba margariną ir cukrų išmaišykite iki šviesios ir purios masės. Palaipsniui įmuškite kiaušinius, tada įmaišykite miltus, graikinius riešutus, kepimo miltelius, prieskonius ir druską. Įpilkite pieno ir išmaišykite iki vientisos masės. Supilkite į riebalais išteptą ir miltais pabarstytą 25 cm/10 torto formą (skarda) ir kepkite iki 180°C/350°F/dujų žymė 4 įkaitintoje orkaitėje 40 minučių, kol taps elastinga. Palikite 10 minučių atvėsti skardoje, tada perkelkite ant grotelių.

Sirupui gaminti sumaišykite cukrų, medų, citrinos sultis ir vandenį ir kaitinkite, kol ištirps. Visą šiltą pyragą subadykite šakute, tada užpilkite medaus sirupu.

Ledinis riešutų pyragas

Padarykite 18 cm/7 tortą

100 g/4 uncijos/½ puodelio sviesto arba margarino, suminkštinto

100 g/4 uncijos/½ puodelio smulkaus cukraus (labai smulkus).

2 kiaušiniai, lengvai paplakti

100 g/4 uncijos/1 puodelis savaime kylančių (savaime kylančių) miltų

100 g / 4 uncijos / 1 puodelis graikinių riešutų, susmulkintų

Žiupsnelis druskos

Glajui (glaistui):
450 g / 1 svaras / 2 puodeliai granuliuoto cukraus

150 ml / ¼ pt / 2/3 puodelio vandens

2 kiaušinių baltymai

Kai kurios graikinių riešutų pusės papuošimui

Sviestą arba margariną ir cukraus pudrą išmaišykite iki šviesios ir purios masės. Palaipsniui įmuškite kiaušinius, tada įmaišykite miltus, riešutus ir druską. Supilkite mišinį į dvi riebalais išteptas ir išklotas 18 cm/7 torto formas ir kepkite iki 180°C/350°F/dujinės žymos 4 įkaitintoje orkaitėje 25 minutes, kol gerai iškils ir taps elastingos liesti. Leiskite atvėsti.

Granuliuotą cukrų ištirpinkite vandenyje ant silpnos ugnies, nuolat maišydami, užvirinkite ir toliau virkite nemaišydami, kol lašas mišinio suformuos minkštą rutulį, įlašėjus į šaltą vandenį. Tuo tarpu švariame dubenyje išplakti kiaušinių baltymus iki standžių putų. Supilkite sirupą ant kiaušinių baltymų ir plakite, kol mišinys bus pakankamai tirštas, kad apsemtų šaukšto nugarėlę. Aptepkite pyragus glajaus sluoksniu, o likusią dalį ištepkite ant torto viršaus ir šonų ir papuoškite graikinių riešutų puselėmis.

Riešutų pyragas su šokoladiniu kremu

Padarykite 18 cm/7 tortą

3 kiaušiniai

75 g / 3 uncijos / 1/3 puodelio minkšto rudojo cukraus

50 g/2 uncijos/½ puodelio viso grūdo miltų (nesmulkintų kviečių).

25 g/1 oz/¼ puodelio kakavos (nesaldinto šokolado) miltelių

Glajui (glaistui):
150 g/5 uncijos/1¼ puodelio paprasto (pusiau saldaus) šokolado

225 g/8 uncijos/1 puodelis neriebaus kreminio sūrio

45 ml/3 a.š cukraus pudros (konditerinis cukrus), persijotas

75 g/3 uncijos/¾ puodelio graikinių riešutų, susmulkintų

15 ml/1 valgomasis šaukštas konjako (nebūtina)

Puošimui tarkuoto šokolado

Kiaušinius ir rudąjį cukrų išplakti iki blyškios ir tirštos masės. Supilkite miltus ir kakavą. Supilkite mišinį į dvi riebalais išteptas ir išklotas 18 cm/7 storio sumuštinių formeles ir kepkite iki 190°C/375°F/5 dujų žymeklio įkaitintoje orkaitėje 15-20 minučių, kol gražiai iškils ir taps elastingos liesti. Išimkite iš formelių ir palikite atvėsti.

Šokoladą ištirpinkite karščiui atspariame dubenyje virš puodo su lengvai verdančiu vandeniu. Nukelkite nuo ugnies ir įmaišykite kreminį sūrį ir cukraus pudrą, tada įmaišykite riešutus ir brendį, jei naudojate. Pyragėlius aptepkite didžiąja dalimi įdaro, o likusią dalį užtepkite ant viršaus. Papuoškite tarkuotu šokoladu.

Graikinių riešutų pyragas su medumi ir cinamonu

Padarykite 23 cm/9 tortą

225 g/8 uncijos/2 puodeliai paprastų (universalių) miltų

10 ml/2 šaukštelio kepimo miltelių

5 ml/1 arbatinis šaukštelis sodos bikarbonatas (kepimo soda)

5 ml/1 šaukštelis malto cinamono

Žiupsnelis druskos

100 g/4 uncijos/1 puodelis natūralaus jogurto

75 ml/5 šaukštai aliejaus

100 g / 4 uncijos / 1/3 puodelio skaidraus medaus

1 kiaušinis, lengvai paplaktas

5 ml/1 šaukštelis vanilės esencijos (ekstraktas)

Įdarui:
50 g/2 uncijos/½ puodelio kapotų graikinių riešutų

225 g / 8 uncijos / 1 puodelis minkšto rudojo cukraus

10 ml/2 šaukštelio malto cinamono

30 ml/2 šaukštai aliejaus

Sumaišykite sausus pyrago ingredientus ir centre padarykite duobutę. Sumaišykite likusius pyrago ingredientus ir įmaišykite į sausus ingredientus. Sumaišykite įdarui skirtus ingredientus. Pusę pyrago mišinio supilkite į riebalais išteptą ir miltais pabarstytą 23 cm/9 torto formą (keptą) ir pabarstykite pusę įdaro. Sudėkite likusį pyrago mišinį, tada likusį įdarą. Kepkite iki 180°C įkaitintoje orkaitėje 30 minučių, kol gražiai pakils, taps auksinės rudos spalvos ir pradės trauktis nuo keptuvės kraštų.

Migdolų ir medaus batonėliai

Daryk 10

15 g/½ uncijos šviežių mielių arba 20 ml/4 šaukštelio džiovintų mielių

45 ml/3 šaukštai cukranendrių cukraus (labai smulkus).

120 ml/½ puodelio šilto pieno

300 g / 11 uncijos / 2¾ puodeliai paprastų (universalių) miltų

Žiupsnelis druskos

1 kiaušinis, lengvai paplaktas

50 g/2 uncijos/¼ puodelio sviesto arba margarino, suminkštinto

300 ml/½ pt/1¼ puodelio dvigubos (sunkios) grietinėlės

30 ml/2 šaukštai cukraus pudros (konditerinis cukrus), persijotas

45 ml/3 šaukštai skaidraus medaus

300 g / 11 uncijos / 2¾ puodeliai susmulkintų (supjaustytų) migdolų

Mieles, 5 ml/1 arbatinį šaukštelį cukraus pudros ir šiek tiek pieno sumaišyti ir palikti šiltoje vietoje 20 min., kol suputos. Likusį cukrų sumaišykite su miltais ir druska ir viduryje padarykite duobutę. Palaipsniui įmaišykite kiaušinius, sviestą arba margariną, mielių mišinį ir likusį šiltą pieną ir išmaišykite iki minkštos tešlos. Minkykite ant lengvai miltais pabarstyto paviršiaus iki vientisos ir elastingos masės. Dėkite į aliejumi pateptą dubenį, uždenkite aliejumi patepta plėvele (plastikine plėvele) ir palikite šiltoje vietoje 45 min., kol padvigubės.

Tešlą vėl išminkykite, tada iškočiokite ir dėkite į 30 x 20cm/12x8 aliejumi išteptą torto formą (skarda), subadykite šakute, uždenkite ir palikite šiltoje vietoje 10 minučių.

Į nedidelę keptuvę sudėkite 120 ml/½ puodelio grietinėlės, cukraus pudrą ir medų ir užvirinkite. Nukelkite nuo ugnies ir įmaišykite migdolus. Paskleiskite tešlą, tada kepkite iki 200°C įkaitintoje orkaitėje 20 minučių, kol taps auksinės spalvos ir taps elastingos liečiant, uždenkite riebalams atspariu (vaškuotu) popieriumi, jei viršus pradėtų per daug ruduoti. virimo pabaiga. Atsukite ir leiskite atvėsti.

Tortą perpjaukite per pusę horizontaliai. Likusią grietinėlę išplakti iki standumo ir paskirstyti ant apatinės torto pusės. Ant viršaus uždėkite migdolais aptrauktą pyrago pusę ir supjaustykite juostelėmis.

Obuolių ir juodųjų serbentų trupinių batonėliai

Daryk 12

175 g/6 uncijos/1½ puodelio paprastų (universalių) miltų

5 ml/1 arbatinis šaukštelis kepimo miltelių

Žiupsnelis druskos

175 g/6 uncijos/¾ puodelio sviesto arba margarino

225 g / 8 uncijos / 1 puodelis minkšto rudojo cukraus

100 g / 4 uncijos / 1 puodelis valcuotų avižų

450 g / 1 svaras virti obuoliai, nulupti, nulupti ir supjaustyti griežinėliais

30 ml/2 šaukštai kukurūzų miltų (kukurūzų krakmolas)

10 ml/2 šaukštelio malto cinamono

2,5 ml/½ šaukštelio tarkuoto muskato riešuto

2,5 ml/½ arbatinio šaukštelio maltos universalios

225g/8oz juodųjų serbentų

Sumaišykite miltus, kepimo miltelius ir druską, tada įtrinkite sviestą arba margariną. Įmaišykite cukrų ir avižas. Pusę supilkite į riebalais išteptos ir išklotos 25 cm/9 kvadratinės tortinės formos (formos) dugną. Sumaišykite obuolius, kukurūzų miltus ir prieskonius ir paskleiskite. Ant viršaus uždėkite juodųjų serbentų. Supilkite likusį mišinį ir išlyginkite viršų. Kepkite iki 180°C įkaitintoje orkaitėje 30 minučių, kol taps spyruokli. Palikite atvėsti, tada supjaustykite juostelėmis.

Abrikosų ir avižinių dribsnių batonėliai

Daryk 24

75 g/3 uncijos/½ puodelio džiovintų abrikosų

25 g / 1 uncija / 3 šaukštai sultonų (auksinių razinų)

250 ml / 8 fl oz / 1 puodelis vandens

5 ml/1 arbatinis šaukštelis citrinos sulčių

150 g / 5 uncijos / 2/3 puodelio minkšto rudojo cukraus

50 g/2 uncijos/½ puodelio džiovinto (susmulkinto) kokoso

50 g/2 uncijos/½ puodelio paprastų (universalių) miltų

2,5 ml/½ šaukštelio sodos bikarbonato (kepimo soda)

100 g / 4 uncijos / 1 puodelis valcuotų avižų

50 g / 2 uncijos / ¼ puodelio sviesto, lydytas

Į nedidelę keptuvę sudėkite abrikosus, sultonus, vandenį, citrinos sultis ir 30 ml/2 šaukštus rudojo cukraus ir maišykite ant nedidelės ugnies, kol sutirštės. Įmaišykite kokosą ir palikite atvėsti. Sumaišykite miltus, sodos bikarbonatą, avižas ir likusį cukrų, tada įmaišykite ištirpintą sviestą. Pusę avižų mišinio įspauskite į riebalais išteptos 20 cm/8 kvadratinės kepimo formos dugną, tada ant viršaus paskleiskite abrikosų mišinį. Uždenkite likusiu avižų mišiniu ir lengvai prispauskite. Kepkite iki 180°C įkaitintoje orkaitėje 30 minučių iki auksinės spalvos. Palikite atvėsti, tada supjaustykite juostelėmis.

Abrikosų traškučiai

Daryk 16

100 g/4 uncijos/2/3 puodelio paruoštų valgyti džiovintų abrikosų

120 ml / ½ puodelio apelsinų sulčių

100 g/4 uncijos/½ puodelio sviesto arba margarino

75 g/3 uncijos/¾ puodelio pilno grūdo (viso grūdo) miltų.

75 g/3 uncijos/¾ puodelio valcuotų avižų

75 g/3 uncijos/1/3 puodelio demerara cukraus

Pamirkykite abrikosus apelsinų sultyse bent 30 minučių, kol suminkštės, nusausinkite ir supjaustykite. Sviestą arba margariną įtrinkite į miltus, kol masė taps panaši į džiūvėsėlius. Įmaišykite avižas ir cukrų. Pusę mišinio įspauskite į riebalais išteptą 30 x 20 cm/12 x 8 Swiss Roll skardą ir pabarstykite abrikosus. Ant viršaus paskleiskite likusį mišinį ir švelniai paspauskite. Kepkite iki 180°C/350°F/dujų ženklo 4 įkaitintoje orkaitėje 25 minutes iki auksinės rudos spalvos. Palikite atvėsti skardoje, prieš išversdami ir supjaustydami į batonėlius.

riešutiniai bananų batonėliai

Sudaro apie 14

50 g/2 uncijos/¼ puodelio sviesto arba margarino, suminkštinto

75 g/3 uncijos/1/3 puodelio ratukas (labai smulkus) arba minkštas rudasis cukrus

2 dideli bananai, supjaustyti

175 g/6 uncijos/1½ puodelio paprastų (universalių) miltų

7,5 ml/1½ šaukštelio kepimo miltelių

2 kiaušiniai, sumušti

50 g/2 uncijos/½ puodelio graikinių riešutų, stambiai pjaustytų

Sumaišykite sviestą arba margariną ir cukrų. Bananus sutrinkite ir įmaišykite į masę. Sumaišykite miltus ir kepimo miltelius. Į bananų masę suberkite miltus, kiaušinius ir riešutus ir gerai išplakite. Supilkite į riebalais išteptą ir išklotą 18 x 28 cm/7 x 11 torto formą, išlyginkite paviršių ir kepkite iki 160°C/325°F/dujų žymė 3 įkaitintoje orkaitėje 30-35 minutes, kol taps elastinga. Palikite keletą minučių atvėsti skardoje, tada išverskite ant grotelių, kad visiškai atvėstų. Supjaustykite į maždaug 14 batonėlių.

Amerikietiški rudieji pyragaičiai

Atlikite apie 15

2 dideli kiaušiniai

225 g/8 uncijos/1 puodelis smulkaus cukraus (labai smulkus).

50 g/2 uncijos/¼ puodelio sviesto arba margarino, ištirpinto

2,5 ml/½ šaukštelio vanilės esencijos (ekstraktas)

75 g/3 uncijos/¾ puodelio paprastų (universalių) miltų

45 ml/3 šaukštai kakavos miltelių (nesaldinto šokolado).

2,5 ml/½ šaukštelio kepimo miltelių

Žiupsnelis druskos

50 g/2 uncijos/½ puodelio graikinių riešutų, stambiai pjaustytų

Kiaušinius ir cukrų išplakti iki tirštos ir kreminės masės. Įmuškite sviestą ir vanilės esenciją. Išsijokite miltus, kakavą, kepimo miltelius ir druską ir įmaišykite į masę su graikiniais riešutais. Pasukite į gerai riebalais išteptą 20 cm/8 kvadratinę torto formą. Kepkite iki 180 °C įkaitintoje orkaitėje 40–45 minutes, kol taps elastinga. Palikite skardoje 10 minučių, tada supjaustykite kvadratėliais ir dar šiltą perkelkite ant grotelių.

Chocolate Fudge Brownies

Sudaro apie 16

225 g/8 uncijos/1 puodelis sviesto arba margarino

175 g / 6 uncijos / ¾ puodelio granuliuoto cukraus

350 g/12 oz/3 puodeliai savaime kylančių (savaime kylančių) miltų

30 ml/2 šaukštai kakavos miltelių (nesaldinto šokolado).

Glajui (glaistui):
175 g/6 uncijos/1 puodelis smulkaus cukraus, išsijotas

30 ml/2 šaukštai kakavos miltelių (nesaldinto šokolado).

Verdantis vanduo

Ištirpinkite sviestą arba margariną, tada įmaišykite granuliuotą cukrų. Įmaišykite miltus ir kakavą. Įspauskite į išklotą 18 x 28 cm/7 x 11 kepimo indą (formą). Kepkite iki 180°C/350°F/dujų žymė 4 įkaitintoje orkaitėje apytiksliai. 20 minučių, kol jis taps elastingas liesti.

Glajui pasigaminti cukraus pudrą ir kakavą persijokite į dubenį ir įpilkite lašelį verdančio vandens. Maišykite, kol gerai susimaišys, jei reikia, įpilkite lašelį ar daugiau vandens. Ledinius pyragus dar šiltus (bet ne karštus) ir leiskite atvėsti prieš supjaustydami kvadratėliais.

Graikinių riešutų ir šokolado pyragaičiai

Daryk 12

50 g/2 uncijos/½ puodelio įprasto (pusiau saldaus) šokolado

75 g/3 uncijos/1/3 puodelio sviesto arba margarino

225 g/8 uncijos/1 puodelis smulkaus cukraus (labai smulkus).

75 g/3 uncijos/¾ puodelio paprastų (universalių) miltų

75 g/3 uncijos/¾ puodelio graikinių riešutų, susmulkintų

50 g/2 uncijos/½ puodelio šokolado drožlių

2 kiaušiniai, sumušti

2,5 ml/½ šaukštelio vanilės esencijos (ekstraktas)

Ištirpinkite šokoladą ir sviestą arba margariną karščiui atspariame dubenyje, pastatytame virš puodo su lengvai verdančiu vandeniu. Nukelkite nuo ugnies ir įmaišykite likusius ingredientus. Supilkite į riebalais išteptą ir išklotą 20 cm/8 skersmens torto formą (skarda) ir kepkite iki 180°C/350°F/dujų žymė 4 įkaitintoje orkaitėje 30 minučių, kol į vidurį įsmeigtas iešmas išeis švarus. Palikite atvėsti skardoje, tada supjaustykite kvadratėliais.

Sviesto batonėliai

Daryk 16

100 g/4 uncijos/½ puodelio sviesto arba margarino, suminkštinto

100 g/4 uncijos/½ puodelio smulkaus cukraus (labai smulkus).

1 kiaušinis, atskirtas

100 g/4 uncijos/1 puodelis paprastų (universalių) miltų

25 g/1 oz/¼ puodelio kapotų sumaišytų riešutų

Sviestą arba margariną ir cukrų išmaišykite iki šviesios ir purios masės. Įmaišykite kiaušinio trynį, tada įmaišykite miltus ir riešutus, kad gautumėte gana standų mišinį. Jei per standus, įpilkite šiek tiek pieno; jei skysta, įberkite dar šiek tiek miltų. Tešlą supilkite į riebalais išteptą 30 x 20 cm/12 x 8 šveicarišką ritininę skardą (želė vyniotinį). Kiaušinių baltymus išplakti iki putų ir paskirstyti ant mišinio. Kepkite iki 180°C įkaitintoje orkaitėje 30 minučių iki auksinės spalvos. Palikite atvėsti, tada supjaustykite juostelėmis.

Vyšnių irisas Traybake

Daryk 12

100 g / 4 uncijos / 1 puodelis migdolų

225 g/8 uncijos/1 puodelis glazūruotų (cukruotų) vyšnių, perpjautų per pusę

225 g/8 uncijos/1 puodelis sviesto arba margarino, suminkštinto

225 g/8 uncijos/1 puodelis smulkaus cukraus (labai smulkus).

3 kiaušiniai, sumušti

100 g/4 uncijos/1 puodelis savaime kylančių (savaime kylančių) miltų

50 g/2 uncijos/½ puodelio maltų migdolų

5 ml/1 arbatinis šaukštelis kepimo miltelių

5 ml/1 šaukštelis migdolų esencijos (ekstraktas)

Migdolais ir vyšniomis pabarstykite riebalais išteptos ir išklotos 20 cm/8 torto formos dugną. Ištirpinkite 50 g / 2 uncijos / ¼ puodelio sviesto arba margarino su 50 g / 2 uncijos / ¼ puodelio cukraus ir užpilkite ant vyšnių ir riešutų. Likusį sviestą arba margariną ir cukrų išplakti iki šviesios ir purios masės, tada įmušti kiaušinius ir sumaišyti miltus, maltus migdolus, kepimo miltelius ir migdolų esenciją. Supilkite mišinį į formą ir išlyginkite viršų. Kepkite iki 160°C/325°F/dujų žymeklio 3 įkaitintoje orkaitėje 1 valandą. Palikite keletą minučių atvėsti skardoje, tada atsargiai pasukite ant grotelių, jei reikia, nubraukite pamušalo viršų. Prieš pjaustydami leiskite visiškai atvėsti.

Šokolado drožlių padėklas
Kepimas

Daryk 24

100 g/4 uncijos/½ puodelio sviesto arba margarino, suminkštinto

100 g/4 uncijos/½ puodelio minkšto rudojo cukraus

50 g/2 uncijos/¼ puodelio smulkaus cukraus (labai smulkus).

1 kiaušinis

5 ml/1 šaukštelis vanilės esencijos (ekstraktas)

100 g/4 uncijos/1 puodelis paprastų (universalių) miltų

2,5 ml/½ šaukštelio sodos bikarbonato (kepimo soda)

Žiupsnelis druskos

100 g/4 uncijos/1 puodelis šokolado drožlių

Sumaišykite sviestą arba margariną ir cukrų iki šviesios ir purios masės, tada palaipsniui įpilkite kiaušinio ir vanilės esencijos. Įmaišykite miltus, sodos bikarbonatą ir druską. Įmaišykite šokolado gabalėlius. Supilkite į riebalais išteptą ir miltais pabarstytą 25 cm/12 kvadratinę kepimo formą ir kepkite iki 190°C įkaitintoje orkaitėje 2 15 minučių iki auksinės rudos spalvos. Leiskite atvėsti, tada supjaustykite kvadratėliais.

Cinamono trupinys

Daryk 12

Dėl pagrindo:

100 g/4 uncijos/½ puodelio sviesto arba margarino, suminkštinto

30 ml/2 šaukštai skaidraus medaus

2 kiaušiniai, lengvai paplakti

100 g/4 uncijos/1 puodelis paprastų (universalių) miltų

Dėl trupinio:

75 g/3 uncijos/1/3 puodelio sviesto arba margarino

75 g/3 uncijos/¾ puodelio paprastų (universalių) miltų

75 g/3 uncijos/¾ puodelio valcuotų avižų

5 ml/1 šaukštelis malto cinamono

50 g / 2 uncijos / ¼ puodelio demerara cukraus

Sumaišykite sviestą arba margariną ir medų iki šviesios ir purios masės. Palaipsniui įmuškite kiaušinius, tada įmaišykite miltus. Pusę mišinio supilkite į riebalais išteptą 20 cm/8 kvadratinę torto formą ir išlyginkite paviršių.

Kad būtų trupiniai, sviestą arba margariną įtrinkite į miltus, kol masė taps panaši į džiūvėsėlius. Įmaišykite avižas, cinamoną ir cukrų. Supilkite pusę trupinio į skardą, tada užpilkite likusiu pyrago mišiniu, tada likusiu trupiniu. Kepkite iki 190°C/375°F/5 dujų žymeklio įkaitintoje orkaitėje apytiksliai. 35 minutes, kol į centrą įsmeigtas iešmas išeis švarus. Palikite atvėsti, tada supjaustykite juostelėmis.

Dėvėti cinamono batonėliai

Daryk 16

225 g/8 uncijos/2 puodeliai paprastų (universalių) miltų

10 ml/2 šaukštelio kepimo miltelių

225 g / 8 uncijos / 1 puodelis minkšto rudojo cukraus

15 ml/1 valgomasis šaukštas lydyto sviesto

250 ml / 8 fl oz / 1 puodelis pieno

30 ml/2 šaukštai demerara cukraus

10 ml/2 šaukštelio malto cinamono

25 g / 1 uncijos / 2 šaukštai sviesto, atšaldyto ir supjaustyto kubeliais

Sumaišykite miltus, kepimo miltelius ir cukrų. Supilkite ištirpintą sviestą ir pieną ir gerai išmaišykite. Supilkite mišinį į dvi 23 cm/9 kvadratines torto formas (formeles). Viršus pabarstykite demerara cukrumi ir cinamonu, tada ant paviršiaus įspauskite sviesto gabalėlius. Kepkite iki 180°C/350°F/dujų žymeklio 4 įkaitintoje orkaitėje 30 minučių. Sviestas mišinyje padarys skylutes ir kepdamas taps lipnus.

Kokoso batonėliai

Daryk 16

75 g/3 uncijos/1/3 puodelio sviesto arba margarino

100 g/4 uncijos/1 puodelis paprastų (universalių) miltų

30 ml/2 šaukštai cukranendrių cukraus (labai smulkus).

2 kiaušiniai

100 g/4 uncijos/½ puodelio minkšto rudojo cukraus

Žiupsnelis druskos

175 g/6 uncijos/1½ puodelio išdžiovinto (susmulkinto) kokoso

50 g/2 uncijos/½ puodelio kapotų sumaišytų riešutų

Apelsinų glazūra

Sviestą arba margariną įtrinkite į miltus, kol masė taps panaši į džiūvėsėlius. Suberkite cukrų ir įspauskite į riebalais neteptą 23 cm/9 kvadratinę kepimo formą (formą). Kepkite iki 190°C įkaitintoje orkaitėje 15 minučių, kol sustings.

Sumaišykite kiaušinius, rudąjį cukrų ir druską, tada įmaišykite kokosą ir riešutus ir paskleiskite ant pagrindo. Kepkite 20 minučių, kol sustings ir auksinės spalvos. Ledai su apelsinų glaistu atvėsus. Supjaustyti batonėliais.

Sumuštinių batonėliai su kokosu ir uogiene

Daryk 16

25 g/1 uncijos/2 šaukštai sviesto arba margarino

175 g/6 uncijos/1½ puodeliai savaime kylančių (savaime kylančių) miltų

225 g/8 uncijos/1 puodelis smulkaus cukraus (labai smulkus).

2 kiaušinių tryniai

75 ml / 5 šaukštai vandens

175 g/6 uncijos/1½ puodelio išdžiovinto (susmulkinto) kokoso

4 kiaušinių baltymai

50 g/2 uncijos/½ puodelio paprastų (universalių) miltų

100 g / 4 uncijos / 1/3 puodelio braškių uogienės (konservas)

Sviestą arba margariną įtrinkite į savaime iškilusius miltus, tada įmaišykite 50 g/¼ puodelio cukraus. Suplakite kiaušinių trynius ir 45 ml/3 šaukštus vandens ir įmaišykite į mišinį. Įspauskite į riebalais išteptos 30 x 20 cm/12 x 8 Swiss Roll skardos dugną ir subadykite šakute. Kepkite iki 180°C/350°F/dujų žymė 4 įkaitintoje orkaitėje 12 minučių. Leiskite atvėsti.

Į keptuvę sudėkite kokosą, likusį cukrų ir vandenį bei kiaušinio baltymą ir maišykite ant silpnos ugnies, kol mišinys taps gumuliuotas ir neparus. Leiskite atvėsti. Įmaišykite paprastus miltus. Likusius baltymus išplakti iki standžių putų, tada įmaišyti į masę. Pagrindą aptepkite uogiene, tada aptepkite kokoso užpilu. Kepkite orkaitėje 30 minučių iki auksinės rudos spalvos. Prieš pjaustydami leiskite atvėsti skardoje.

Datulių ir obuolių skardos kepimas

Daryk 12

1 verdantis (rūgštus) obuolys, nuluptas, nuluptas ir susmulkintas

225 g/8 uncijos/1 1/3 puodelių datulių be kauliukų, susmulkintų

150 ml / ¼ pt / 2/3 puodelio vandens

350 g / 12 uncijos / 3 puodeliai avižinių dribsnių

175 g/6 uncijos/¾ puodelio sviesto arba margarino, lydytas

45 ml / 3 šaukštai demerara cukraus

5 ml/1 šaukštelis malto cinamono

Į keptuvę suberkite obuolius, datules ir vandenį ir troškinkite apie 5 minutes, kol obuoliai suminkštės. Leiskite atvėsti. Sumaišykite avižas, sviestą arba margariną, cukrų ir cinamoną. Pusę supilkite į riebalais išteptą 20 cm/8 kvadratinę torto formą ir išlyginkite paviršių. Ant viršaus užtepkite obuolių ir datulių mišinio, tada uždenkite likusiu avižų mišiniu ir išlyginkite paviršių. Švelniai paspauskite. Kepkite iki 190°C/375°F/5 dujų žymeklio įkaitintoje orkaitėje apytiksliai. 30 minučių iki auksinės rudos spalvos. Palikite atvėsti, tada supjaustykite juostelėmis.

Datos griežinėliai

Daryk 12

225 g/8 uncijos/1 1/3 puodelių datulių be kauliukų, pjaustytų

30 ml/2 šaukštai skaidraus medaus

30 ml/2 šaukštai citrinos sulčių

225 g/8 uncijos/1 puodelis sviesto arba margarino

225 g/8 uncijos/2 puodeliai pilno grūdo (viso grūdo) miltų.

225 g / 8 uncijos / 2 puodeliai valcuotų avižų

75 g / 3 uncijos / 1/3 puodelio minkšto rudojo cukraus

Kelias minutes leiskite datulėms, medui ir citrinos sultims pavirti ant silpnos ugnies, kol datulės suminkštės. Sviestą arba margariną įtrinkite į miltus ir avižas, kol masė taps panaši į džiūvėsėlius, tada įmaišykite cukrų. Pusę mišinio supilkite į riebalais išteptą ir išklotą 20 cm/8 kvadratinę torto formą. Ant viršaus užpilkite datulių mišinį, o užbaikite likusiu pyrago mišiniu. Tvirtai paspauskite žemyn. Kepkite iki 190°C įkaitintoje orkaitėje 35 minutes, kol taps elastinga. Palikite atvėsti skardoje, dar šiltą supjaustykite griežinėliais.

Močiutės pasimatymų batonėliai

Daryk 16

100 g/4 uncijos/½ puodelio sviesto arba margarino, suminkštinto

225 g / 8 uncijos / 1 puodelis minkšto rudojo cukraus

2 kiaušiniai, lengvai paplakti

175 g/6 uncijos/1½ puodelio paprastų (universalių) miltų

2,5 ml/½ šaukštelio sodos bikarbonato (kepimo soda)

5 ml/1 šaukštelis malto cinamono

Žiupsnelis maltų gvazdikėlių

Žiupsnelis tarkuoto muskato riešuto

175 g/6 uncijos/1 puodelis datulių be kauliukų, susmulkintų

Sviestą arba margariną ir cukrų išmaišykite iki šviesios ir purios masės. Palaipsniui įmuškite kiaušinius, kiekvieną kartą gerai išplakdami. Įmaišykite likusius ingredientus, kol gerai susimaišys. Supilkite į riebalais išteptą ir miltais pabarstytą 23 cm/9 skersmens kvadratinę kepimo formą ir kepkite iki 180°C/350°F/dujų žymė 4 įkaitintoje orkaitėje 25 minutes, kol į vidurį įsmeigtas iešmas bus švarus. Palikite atvėsti, tada supjaustykite juostelėmis.

Datulių ir avižinių dribsnių batonėliai

Daryk 16

175 g/6 uncijos/1 puodelis datulių be kauliukų, susmulkintų

15 ml/1 valgomasis šaukštas skaidraus medaus

30 ml/2 šaukštai vandens

225 g/8 uncijos/2 puodeliai pilno grūdo (viso grūdo) miltų.

100 g / 4 uncijos / 1 puodelis valcuotų avižų

100 g/4 uncijos/½ puodelio minkšto rudojo cukraus

150 g/5 uncijos/2/3 puodelio sviesto arba margarino, lydytas

Datules, medų ir vandenį troškinkite nedidelėje keptuvėje, kol datulės suminkštės. Sumaišykite miltus, avižas ir cukrų, tada įmaišykite ištirpintą sviestą arba margariną. Pusę mišinio įspauskite į riebalais išteptą 18 cm/7 kvadratinę torto formą (formą), pabarstykite datulių mišiniu, tada užpilkite likusiu avižų mišiniu ir švelniai paspauskite žemyn. Kepkite iki 180°C įkaitintoje orkaitėje 1 valandą, kol sutvirtės ir taps auksinės spalvos. Palikite atvėsti skardoje, supjaustykite batonėliais, kol jie dar šilti.

Datulių ir riešutmedžio batonėliai

Daryk 12

100 g/4 uncijos/½ puodelio sviesto arba margarino, suminkštinto

150 g / 5 uncijos / 2/3 puodelio smulkaus cukraus (labai smulkus).

1 kiaušinis, lengvai paplaktas

100 g/4 uncijos/1 puodelis savaime kylančių (savaime kylančių) miltų

225 g/8 uncijos/11/3 puodelių datulių be kauliukų, pjaustytų

100 g / 4 uncijos / 1 puodelis graikinių riešutų, susmulkintų

15 ml/1 valgomasis šaukštas pieno (nebūtina)

100 g/4 uncijos/1 puodelis paprasto (pusiau saldaus) šokolado

Sviestą arba margariną ir cukrų išmaišykite iki šviesios ir purios masės. Įmaišykite kiaušinį, tada miltus, datules ir graikinius riešutus, įpilkite šiek tiek pieno, jei mišinys yra per kietas. Supilkite į riebalais išteptą 30 x 20 cm/12 x 8 šveicarišką ritininę formą (želė suktinuką) ir kepkite iki 180°C/350°F/gasmark 4 įkaitintoje orkaitėje 30 minučių, kol taps elastinga. Leiskite atvėsti.

Šokoladą ištirpinkite karščiui atspariame dubenyje virš puodo su lengvai verdančiu vandeniu. Užtepkite mišinį ir palikite atvėsti bei sukietėti. Aštriu peiliu supjaustykite juosteles.

Figų lazdelės

Daryk 16

225 g / 8 uncijos šviežios figos, susmulkintos

30 ml/2 šaukštai skaidraus medaus

15 ml/1 valgomasis šaukštas citrinos sulčių

225 g/8 uncijos/2 puodeliai pilno grūdo (viso grūdo) miltų.

225 g / 8 uncijos / 2 puodeliai valcuotų avižų

225 g/8 uncijos/1 puodelis sviesto arba margarino

75 g / 3 uncijos / 1/3 puodelio minkšto rudojo cukraus

Leiskite figoms, medui ir citrinos sultims virti ant silpnos ugnies 5 minutes. Leiskite šiek tiek atvėsti. Sumaišykite miltus ir avižas, tada įtrinkite sviestą arba margariną ir įmaišykite cukrų. Pusę mišinio įspauskite į riebalais išteptą 20 cm/8 kvadratinę torto formą (formą), tada supilkite figų mišinį ant viršaus. Uždenkite likusiu pyrago mišiniu ir tvirtai prispauskite. Kepkite iki 180°C įkaitintoje orkaitėje 30 minučių iki auksinės rudos spalvos. Palikite skardoje atvėsti, tada dar šiltą supjaustykite.

Atvartais

Daryk 16

75 g/3 uncijos/1/3 puodelio sviesto arba margarino

50 g/2 uncijos/3 šaukštai auksinio (šviesaus kukurūzų) sirupo

100 g/4 uncijos/½ puodelio minkšto rudojo cukraus

175 g/6 uncijos/1½ puodelio avižinių dribsnių

Ištirpinkite sviestą arba margariną su sirupu ir cukrumi, tada įmaišykite avižas. Įspauskite į riebalais išteptą 20 cm/8 kvadratinę formą ir kepkite iki 180°C/350°F/dujų žymė 4 įkaitintoje orkaitėje apytiksliai. 20 minučių iki šviesiai auksinės spalvos. Prieš pjaustydami leiskite šiek tiek atvėsti, tada palikite skardoje visiškai atvėsti prieš išversdami.

Vyšnių atmuštukai

Daryk 16

75 g/3 uncijos/1/3 puodelio sviesto arba margarino

50 g/2 uncijos/3 šaukštai auksinio (šviesaus kukurūzų) sirupo

100 g/4 uncijos/½ puodelio minkšto rudojo cukraus

175 g/6 uncijos/1½ puodelio avižinių dribsnių

100 g / 4 uncijos / 1 puodelis glazūruotų (cukruotų) vyšnių, susmulkintų

Sviestą arba margariną ištirpinkite su sirupu ir cukrumi, tada įmaišykite avižas ir vyšnias. Įspauskite į riebalais išteptą 20 cm/8 kvadratinę torto formą (formą) ir kepkite iki 180°C/350°F/dujų žymė 4 įkaitintoje orkaitėje apytiksliai. 20 minučių iki šviesiai auksinės spalvos. Prieš pjaustydami leiskite šiek tiek atvėsti, tada palikite skardoje visiškai atvėsti prieš išversdami.

Šokoladiniai blyneliai

Daryk 16

75 g/3 uncijos/1/3 puodelio sviesto arba margarino

50 g/2 uncijos/3 šaukštai auksinio (šviesaus kukurūzų) sirupo

100 g/4 uncijos/½ puodelio minkšto rudojo cukraus

175 g/6 uncijos/1½ puodelio avižinių dribsnių

100 g/4 uncijos/1 puodelis šokolado drožlių

Ištirpinkite sviestą arba margariną su sirupu ir cukrumi, tada įmaišykite avižas ir šokolado drožles. Įspauskite į riebalais išteptą 20 cm/8 kvadratinę torto formą (formą) ir kepkite iki 180°C/350°F/dujų žymė 4 įkaitintoje orkaitėje apytiksliai. 20 minučių iki šviesiai auksinės spalvos. Prieš pjaustydami leiskite šiek tiek atvėsti, tada palikite skardoje visiškai atvėsti prieš išversdami.

Dvyliktos nakties tortas

Padarykite 20 cm/8 tortą

225 g/8 uncijos/1 puodelis sviesto arba margarino, suminkštinto

225 g / 8 uncijos / 1 puodelis minkšto rudojo cukraus

4 kiaušiniai, sumušti

225 g/8 uncijos/2 puodeliai paprastų (universalių) miltų

5 ml/1 arbatinis šaukštelis sumaišytų (obuolių pyrago) prieskonių

175 g/6 uncijos/1 puodelis sultonų (auksinių razinų)

100 g/4 uncijos/2/3 puodelio razinų

75 g / 3 uncijos / ½ puodelio serbentų

50 g/2 uncijos/¼ puodelio glazūruotų (cukruotų) vyšnių

50 g/2 uncijos/1/3 puodelio susmulkintos mišrios (cukruotos) žievelės

30 ml/2 šaukštai pieno

12 žvakių papuošti

    Sviestą arba margariną ir cukrų išmaišykite iki šviesiai ir purios masės. Palaipsniui įmuškite kiaušinius, tada įmaišykite miltus, sumaišytus prieskonius, vaisius ir žievelę ir maišykite, kol gerai susimaišys, jei reikia, įpilkite šiek tiek pieno, kad gautumėte vientisą mišinį. Supilkite į riebalais išteptą ir išklotą 20 cm/8 skersmens torto formą (skarda) ir kepkite iki 180°C/350°F/dujų žymė 4 įkaitintoje orkaitėje 2 valandas, kol į centrą įsmeigtas iešmas išeis švarus. Palikti

Obuolių pyragas mikrobangų krosnelėje

Padarykite 23 cm/9 kvadratą

100 g/4 uncijos/½ puodelio sviesto arba margarino, suminkštinto

100 g/4 uncijos/½ puodelio minkšto rudojo cukraus

30 ml/2 šaukštai auksinio (šviesaus kukurūzų) sirupo

2 kiaušiniai, lengvai paplakti

225 g/8 uncijos/2 puodeliai savaime kylančių (savaime kylančių) miltų

10 ml/2 arb. maltų mišrių (obuolių pyrago) prieskonių

120 ml / ½ puodelio pieno

2 virti (rūgštūs) obuoliai, nulupti, išimti šerdį ir plonais griežinėliais

15 ml/1 valgomasis šaukštas cukranendrių cukraus (labai smulkus).

5 ml/1 šaukštelis malto cinamono

Sviestą arba margariną, rudąjį cukrų ir sirupą išmaišykite iki blyškios ir purios masės. Palaipsniui įmuškite kiaušinius. Supilkite miltus ir sumaišytus prieskonius, tada įmaišykite pieną, kol gausite minkštą konsistenciją. Įmaišykite obuolius. Supilkite į riebalais išteptą ir išklotą 23 cm/9 mikrobangų krosnelės žiedinę skardą (vamzdelio keptuvę) ir mikrobangų krosnelėje 12 minučių, kol sutvirtės. Palikite 5 minutes, tada apverskite aukštyn kojomis ir pabarstykite cukraus pudra bei cinamonu.

Obuolių pyragas mikrobangų krosnelėje

Padarykite 20 cm/8 tortą

100 g/4 uncijos/½ puodelio sviesto arba margarino, suminkštinto

175 g/6 uncijos/¾ puodelio minkšto rudojo cukraus

1 kiaušinis, lengvai paplaktas

175 g/6 uncijos/1½ puodelio paprastų (universalių) miltų

2,5 ml/½ šaukštelio kepimo miltelių

Žiupsnelis druskos

2,5 ml/½ arbatinio šaukštelio maltos universalios

1,5 ml/¼ šaukštelio tarkuoto muskato riešuto

1,5 ml/¼ šaukštelio maltų gvazdikėlių

300 ml/½ pt/1¼ puodelio nesaldinto obuolių padažo (padažas)

75 g/3 uncijos/½ puodelio razinų

Glajus (konditerijos gaminiai) dulkėms nuvalyti

Sviestą arba margariną ir rudąjį cukrų išmaišykite iki šviesios ir purios masės. Palaipsniui įmuškite kiaušinį, tada pakaitomis įmaišykite miltus, kepimo miltelius, druską ir prieskonius su obuolių padažu ir razinomis. Supilkite į riebalais išteptą ir miltais pabarstytą 20 cm/8 kvadratinių mikrobangų krosnelę ir 12 min. Palikite atvėsti skardoje, tada supjaustykite kvadratėliais ir pabarstykite cukraus pudra.

Mikrobangų krosnelėje obuolių ir riešutų pyragas

Padarykite 20 cm/8 tortą

175 g/6 uncijos/¾ puodelio sviesto arba margarino, suminkštinto

100 g/4 uncijos/½ puodelio smulkaus cukraus (labai smulkus).

3 kiaušiniai, lengvai paplakti

30 ml/2 šaukštai auksinio (šviesaus kukurūzų) sirupo

Nutarkuota 1 citrinos žievelė ir sultys

175 g/6 uncijos/1½ puodeliai savaime kylančių (savaime kylančių) miltų

50 g / 2 uncijos / ½ puodelio graikinių riešutų, susmulkintų

1 valgomasis (desertinis) obuolys, nuluptas, nuluptas ir susmulkintas

100 g/4 uncijos/2/3 puodelio smulkaus (konditerinio) cukraus

30 ml/2 šaukštai citrinos sulčių

15 ml/1 valgomasis šaukštas vandens

Graikinių riešutų puselės papuošimui

Sviestą arba margariną ir cukraus pudrą išmaišykite iki šviesios ir purios masės. Palaipsniui supilkite kiaušinius, tada sirupą, citrinos žievelę ir sultis. Suberkite miltus, susmulkintus riešutus ir obuolį. Supilkite į riebalais išteptą 20 cm/8 apvalų mikrobangų krosnelės indą ir mikrobangų krosnelėje kepkite 4 minutes. Išimkite iš orkaitės ir uždenkite folija. Leiskite atvėsti. Sumaišykite cukraus pudrą su citrinos sultimis ir tiek vandens, kad susidarytų vientisas glajus (glazūra). Aptepkite pyragą ir papuoškite graikinių riešutų puselėmis.

Morkų pyragas mikrobangų krosnelėje

Padarykite 18 cm/7 tortą

100 g/4 uncijos/½ puodelio sviesto arba margarino, suminkštinto

100 g/4 uncijos/½ puodelio minkšto rudojo cukraus

2 kiaušiniai, sumušti

Nutarkuota 1 apelsino žievelė ir sultys

2,5 ml/½ šaukštelio malto cinamono

Žiupsnelis tarkuoto muskato riešuto

100g/4oz morkų, sutarkuotų

100 g/4 uncijos/1 puodelis savaime kylančių (savaime kylančių) miltų

25 g/1 oz/¼ puodelio maltų migdolų

25 g/1 uncijos/2 šaukštai cukranendrių cukraus (labai smulkus).

Užpilui:
100 g / 4 uncijos / ½ puodelio grietinėlės sūrio

50 g/2 uncijos/1/3 puodelio smulkaus cukraus, išsijotas

30 ml/2 šaukštai citrinos sulčių

Sviestą ir cukrų išmaišykite iki šviesios ir purios masės. Palaipsniui įmuškite kiaušinius, tada įmaišykite apelsinų sultis ir žievelę, prieskonius ir morkas. Sumaišykite miltus, migdolus ir cukrų. Supilkite į riebalais išteptą ir išklotą 18 cm/7 torto formą ir uždenkite plastikine plėvele (plastikine plėvele). Kaitinkite mikrobangų krosnelėje 8 minutes, kol į centrą įsmeigtas iešmas išeis švarus. Nuimkite plastikinę plėvelę ir palikite 8 minutes, prieš išversdami ant grotelių, kad baigtumėte atvėsti. Užpilo ingredientus išplakite, tada paskleiskite ant atvėsusio pyrago.

Mikrobangų krosnelėje morkų, ananasų ir riešutų pyragas

Padarykite 20 cm/8 tortą

225 g/8 uncijos/1 puodelis smulkaus cukraus (labai smulkus).

2 kiaušiniai

120 ml/4 fl uncijos/½ puodelio aliejaus

1,5 ml / ¼ šaukštelio druskos

5 ml/1 arbatinis šaukštelis sodos bikarbonatas (kepimo soda)

100 g/4 uncijos/1 puodelis savaime kylančių (savaime kylančių) miltų

5 ml/1 šaukštelis malto cinamono

175g/6oz morkos, sutarkuotos

75 g/3 uncijos/¾ puodelio graikinių riešutų, susmulkintų

225 g/8 uncijos susmulkintų ananasų su sultimis

Glajui (glaistui):

15 g/½ uncijos/1 valgomasis šaukštas sviesto arba margarino

50 g / 2 uncijos / ¼ puodelio grietinėlės sūrio

10 ml/2 šaukštelio citrinos sulčių

Cukraus pudra (konditerinis), persijotas

Didelę žiedinę formą (vamzdelio formą) išklokite kepimo popieriumi. Sumaišykite cukrų, kiaušinius ir aliejų. Švelniai įmaišykite sausus ingredientus, kol gerai susimaišys. Įmaišykite likusius pyrago ingredientus. Supilkite mišinį į paruoštą skardą, padėkite ant grotelių arba apverstos lėkštės ir mikrobangų krosnelėje 13 minučių arba kol sustings. Palikite 5 minutes, tada išverskite ant grotelių, kad atvėstų.

Tuo tarpu pasigaminkite glajų. Į dubenį sudėkite sviestą arba margariną, grietinėlės sūrį ir citrinos sultis ir mikrobangų krosnelėje 30-40 sekundžių. Pamažu įberkite cukraus pudros tiek, kad susidarytų tirštos konsistencijos ir plakite iki purumo. Kai pyragas atvės, aptepkite jį glajumi.

Mikrobangų prieskoniais pagardinti sausainiai

Daryk 15

75 g/3 uncijos/¾ puodelio visų sėlenų grūdų

250 ml / 8 fl oz / 1 puodelis pieno

175 g/6 uncijos/1½ puodelio paprastų (universalių) miltų

75 g/3 uncijos/1/3 puodelio smulkaus cukraus (labai smulkus).

10 ml/2 šaukštelio kepimo miltelių

10 ml/2 arb. maltų mišrių (obuolių pyrago) prieskonių

Žiupsnelis druskos

60 ml/4 šaukštai auksinio (šviesaus kukurūzų) sirupo

45 ml/3 šaukštai aliejaus

1 kiaušinis, lengvai paplaktas

75 g/3 uncijos/½ puodelio razinų

15 ml/1 valgomasis šaukštas tarkuotos apelsino žievelės

10 minučių pamirkykite javus piene. Sumaišykite miltus, cukrų, kepimo miltelius, sumaišytus prieskonius ir druską, tada įmaišykite į dribsnius. Įmaišykite sirupą, aliejų, kiaušinį, razinas ir apelsino žievelę. Supilstykite į popierines dėžutes (keksų popierių) ir 4 minutes mikrobangų krosnelėje kepkite penkis pyragus. Pakartokite su likusiais sausainiais.

Mikrobangų bananų ir pasiflorų sūrio pyragas

Padarykite 23 cm/9 tortą

100 g/4 uncijos/½ puodelio sviesto arba margarino, ištirpinto

175 g/6 uncijos/1½ puodelio imbierinių sausainių (sausainių) trupinių

250 g / 9 uncijos / dosnus 1 puodelis grietinėlės sūrio

175 ml/6 fl oz/¾ puodelio grietinės (pieno).

2 kiaušiniai, lengvai paplakti

100 g/4 uncijos/½ puodelio smulkaus cukraus (labai smulkus).

Nutarkuota 1 citrinos žievelė ir sultys

150 ml / ¼ pt / 2/3 puodelio riebios grietinėlės

1 bananas, supjaustytas

1 pasifloros vaisius, susmulkintas

Sumaišykite sviestą arba margariną ir krekerių trupinius ir įspauskite į 23 cm/9 mikrobangų krosnelėje tinkamos skardos dugną ir šonus. Mikrobangų krosnelėje aukšta temperatūra 1 minutę. Leiskite atvėsti.

Kreminį sūrį ir grietinę išplakti iki vientisos masės, tada įmušti kiaušinius, cukrų ir citrinos sultis bei žievelę. Supilkite į pagrindą ir tolygiai paskirstykite. Virkite ant vidutinės ugnies 8 minutes. Leiskite atvėsti.

Grietinėlę išplakti iki standumo, tada paskirstyti ant dėklo. Ant viršaus uždėkite bananų griežinėlių ir ant viršaus uždėkite pasifloros vaisių minkštimo.

Mikrobangų krosnelėje keptas apelsinų sūrio pyragas

Padarykite 20 cm/8 tortą

50 g/2 uncijos/¼ puodelio sviesto arba margarino

12 digestive sausainių (graham krekerių), susmulkintų

100 g/4 uncijos/½ puodelio smulkaus cukraus (labai smulkus).

225 g / 8 uncijos / 1 puodelis grietinėlės sūrio

2 kiaušiniai

30 ml/2 šaukštai koncentruotų apelsinų sulčių

15 ml/1 valgomasis šaukštas citrinos sulčių

150 ml/¼ pt/2/3 puodelio rūgščios (pieno rūgšties) grietinėlės

Žiupsnelis druskos

1 apelsinas

30 ml/2 šaukštai abrikosų uogienės (konservas)

150 ml/¼ pt/2/3 puodelio dvigubos (sunkios) grietinėlės

Ištirpinkite sviestą arba margariną 20 cm/8 mikrobangų krosnelės inde 1 minutę. Įmaišykite sausainių trupinius ir 25 g/1 uncijos/2 šaukštus cukraus ir apspauskite indo dugną bei šonus. Sūrį išmaišykite su likusiu cukrumi ir kiaušiniais, tada įmaišykite apelsinų ir citrinų sultis, grietinę ir druską. Supilkite į dėklą (apvalkalą) ir 2 minutes kaitinkite mikrobangų krosnelėje. Palikite 2 minutes, tada mikrobangų krosnelėje dar 2 minutes. Leiskite pastovėti 1 minutę, tada 1 minutę pašildykite mikrobangų krosnelėje. Leiskite atvėsti.

Nulupkite apelsiną ir aštriu peiliu išimkite skilteles nuo membranos. Ištirpinkite uogienę ir aptepkite sūrio pyrago viršų. Išplakite grietinėlę ir išplakite sūrio pyrago kraštą, tada papuoškite apelsinų gabalėliais.

Mikrobangų krosnelė ananasų sūrio pyragas

Padarykite 23 cm/9 tortą

100 g/4 uncijos/½ puodelio sviesto arba margarino, ištirpinto

175 g/6 uncijos/1½ puodelio virškinimą skatinančių krekerių (graham krekerių) trupinių

250 g / 9 uncijos / dosnus 1 puodelis grietinėlės sūrio

2 kiaušiniai, lengvai paplakti

5 ml/1 arbatinis šaukštelis nutarkuotos citrinos žievelės

30 ml/2 šaukštai citrinos sulčių

75 g/3 uncijos/1/3 puodelio smulkaus cukraus (labai smulkus).

400g/14oz/1 didelės skardinės ananasai, nusausinti ir susmulkinti

150 ml/¼ pt/2/3 puodelio dvigubos (sunkios) grietinėlės

Sumaišykite sviestą arba margariną ir krekerių trupinius ir įspauskite į 23 cm/9 mikrobangų krosnelėje tinkamos skardos dugną ir šonus. Mikrobangų krosnelėje aukšta temperatūra 1 minutę. Leiskite atvėsti.

Kreminį sūrį, kiaušinius, citrinos žievelę ir sultis bei cukrų išplakti iki vientisos masės. Įmaišykite ananasus ir supilkite į dugną. Mikrobangų krosnelėje 6 minutes, kol sutvirtės. Leiskite atvėsti.

Plaktą grietinėlę išplakti iki standumo ir uždėti ant sūrio pyrago viršaus.

Mikrobangų krosnelė Vyšnių ir riešutų duona

Padaro vieną 900 g/2 svarų kepalą

175 g/6 uncijos/¾ puodelio sviesto arba margarino, suminkštinto

175 g/6 uncijos/¾ puodelio minkšto rudojo cukraus

3 kiaušiniai, sumušti

225 g/8 uncijos/2 puodeliai paprastų (universalių) miltų

10 ml/2 šaukštelio kepimo miltelių

Žiupsnelis druskos

45 ml/3 šaukštai pieno

75 g/3 uncijos/1/3 puodelio glazūruotų (cukruotų) vyšnių

75 g/3 uncijos/¾ puodelio kapotų sumaišytų riešutų

25 g / 1 uncija / 3 šaukštai smulkaus cukraus, išsijotas

Sviestą arba margariną ir rudąjį cukrų išmaišykite iki šviesios ir purios masės. Palaipsniui įmuškite kiaušinius, tada įmaišykite miltus, kepimo miltelius ir druską. Įmaišykite tiek pieno, kad susidarytų vienalytė konsistencija, tada įmaišykite vyšnias ir riešutus. Supilkite į riebalais išteptą ir išklotą 900g/2lb mikrobangų kepimo formą ir pabarstykite cukrumi. Mikrobangų krosnelėje aukšta temperatūra 7 minutes. Palikite 5 minutes, tada išverskite ant grotelių, kad baigtumėte atvėsti.

Šokoladinis pyragas mikrobangų krosnelėje

Padarykite 18 cm/7 tortą

225 g/8 uncijos/1 puodelis sviesto arba margarino, suminkštinto

175 g/6 uncijos/¾ puodelio smulkaus cukraus (labai smulkus).

150 g/5 uncijos/1¼ puodeliai savaime kylančių (savaime kylančių) miltų

50 g/2 uncijos/¼ puodelio kakavos (nesaldinto šokolado) miltelių

5 ml/1 arbatinis šaukštelis kepimo miltelių

3 kiaušiniai, sumušti

45 ml/3 šaukštai pieno

Sumaišykite visus ingredientus ir šaukštu dėkite į riebalais išteptą ir išklotą 18 cm/7 mikrobangų krosnelėje. Mikrobangų krosnelės aukšta temperatūra 9 minutes, kol ji taps tvirta. Palikite atvėsti keptuvėje 5 minutes, tada išverskite ant grotelių, kad baigtumėte atvėsti.

Šokoladinis migdolų pyragas mikrobangų krosnelėje

Padarykite 20 cm/8 tortą

Dėl torto:

100 g/4 uncijos/½ puodelio sviesto arba margarino, suminkštinto

100 g/4 uncijos/½ puodelio smulkaus cukraus (labai smulkus).

2 kiaušiniai, lengvai paplakti

100 g/4 uncijos/1 puodelis savaime kylančių (savaime kylančių) miltų

50 g/2 uncijos/½ puodelio kakavos (nesaldinto šokolado) miltelių

50 g/2 uncijos/½ puodelio maltų migdolų

150 ml / ¼ pt / 2/3 puodelio pieno

60 ml/4 šaukštai auksinio (šviesaus kukurūzų) sirupo

Glajui (glaistui):

100 g/4 uncijos/1 puodelis paprasto (pusiau saldaus) šokolado

25 g/1 uncijos/2 šaukštai sviesto arba margarino

8 sveiki migdolai

Norėdami pagaminti pyragą, sutrinkite sviestą arba margariną ir cukrų iki šviesios ir purios masės. Palaipsniui įmuškite kiaušinius, tada suberkite miltus ir kakavą, o po to – maltus migdolus. Supilkite pieną ir sirupą ir plakite iki šviesios ir purios masės. Supilkite į 20 cm/8 mikrobangų krosnelę, padengtą maistine plėvele (plastikine plėvele) ir mikrobangų krosnelėje 4 minutes. Išimkite iš orkaitės, uždenkite viršų folija ir leiskite šiek tiek atvėsti, tada išverskite ant grotelių, kad baigtų atvėsti.

Norėdami pagaminti glajų, ištirpinkite šokoladą ir sviestą arba margariną aukštoje temperatūroje 2 minutes. Gerai sumuškite. Migdolus iki pusės panardinkite į šokoladą, tada leiskite jiems sukietėti ant riebalams atsparaus (vaškuoto) popieriaus lapo.

Likusį glajų užpilkite ant torto ir paskirstykite viršų bei šonus. Papuoškite migdolais ir leiskite sustingti.

Mikrobangų krosnelėje dvigubi šokoladiniai pyragaičiai

Daryk 8

150 g/5 uncijos/1¼ puodeliai paprasto (pusiau saldaus) šokolado, stambiai supjaustyto

75 g/3 uncijos/1/3 puodelio sviesto arba margarino

175 g/6 uncijos/¾ puodelio minkšto rudojo cukraus

2 kiaušiniai, lengvai paplakti

150 g / 5 uncijos / 1¼ puodeliai paprastų (universalių) miltų

2,5 ml/½ šaukštelio kepimo miltelių

2,5 ml/½ šaukštelio vanilės esencijos (ekstraktas)

30 ml/2 šaukštai pieno

Ištirpinkite 50 g/2 uncijos/½ puodelio šokolado su sviestu arba margarinu ant High 2 minutes. Supilkite cukrų ir kiaušinius, tada įmaišykite miltus, kepimo miltelius, vanilės esenciją ir pieną iki vientisos masės. Supilkite į riebalais išteptą 20 cm/8 kvadratinių mikrobangų krosnelę ir mikrobangų krosnelėje 7 minutes. Palikite inde atvėsti 10 minučių. Likusį šokoladą ištirpinkite ant High 1 minutę, užtepkite juo pyrago viršų ir palikite atvėsti. Supjaustykite kvadratėliais.

Mikrobangų šokolado batonėliai

Daryk 8

50 g/2 uncijos/1/3 puodelio datulių be kauliukų, susmulkintų

60 ml/4 šaukštai verdančio vandens

65 g/2½ uncijos/1/3 puodelio sviesto arba margarino, suminkštinto

225 g/8 uncijos/1 puodelis smulkaus cukraus (labai smulkus).

1 kiaušinis

100 g/4 uncijos/1 puodelis paprastų (universalių) miltų

10 ml/2 šaukštelio kakavos (nesaldinto šokolado) miltelių

2,5 ml/½ šaukštelio kepimo miltelių

Žiupsnelis druskos

25 g/1 oz/¼ puodelio kapotų sumaišytų riešutų

100 g/4 uncijos/1 puodelis paprasto (pusiau saldaus) šokolado, smulkiai pjaustyto

Datules sumaišykite su verdančiu vandeniu ir palikite, kol atvės. Sviestą arba margariną išmaišykite su puse cukraus iki šviesios ir purios masės. Palaipsniui įmuškite kiaušinį, tada pakaitomis įmaišykite miltus, kakavą, kepimo miltelius ir druską bei datulių mišinį. Supilkite į riebalais išteptą ir miltais pabarstytą 20 cm/8 kvadratinių mikrobangų krosnelę. Likusį cukrų sumaišykite su riešutais ir šokoladu ir pabarstykite ant viršaus, lengvai paspausdami. Mikrobangų krosnelėje aukšta temperatūra 8 minutes. Prieš pjaustydami kvadratėliais, palikite atvėsti skardoje.

Mikrobangų šokolado kvadratėliai

Daryk 16

Dėl torto:

50 g/2 uncijos/¼ puodelio sviesto arba margarino

5 ml/1 arbatinis šaukštelis cukranendrių cukraus (labai smulkus).

75 g/3 uncijos/¾ puodelio paprastų (universalių) miltų

1 kiaušinio trynys

15 ml/1 valgomasis šaukštas vandens

175 g/6 uncijos/1½ puodelio paprasto (pusiau saldaus) šokolado, tarkuoto arba smulkiai pjaustyto

Užpilui:

50 g / 2 uncijos / ¼ puodelio sviesto arba margarino

50 g/2 uncijos/¼ puodelio smulkaus cukraus (labai smulkus).

1 kiaušinis

2,5 ml/½ šaukštelio vanilės esencijos (ekstraktas)

100 g / 4 uncijos / 1 puodelis graikinių riešutų, susmulkintų

Norėdami pagaminti pyragą, suminkštinkite sviestą arba margariną ir įmaišykite cukrų, miltus, kiaušinio trynį ir vandenį. Mišinį tolygiai paskirstykite 20 cm/8 kvadratinių mikrobangų krosnelėje ir 2 minutes kaitinkite mikrobangų krosnelėje. Pabarstykite šokoladu ir mikrobangų krosnelėje palaikykite 1 minutę. Tolygiai paskirstykite ant pagrindo ir palikite, kol sustings.

Norėdami pagaminti užpilą, sviestą arba margariną mikrobangų krosnelėje pašildykite 30 sekundžių. Įmaišykite likusius užpilo ingredientus ir paskleiskite ant šokolado. Mikrobangų krosnelėje aukšta temperatūra 5 minutes. Leiskite atvėsti, tada supjaustykite kvadratėliais.

Greitas kavos pyragas mikrobangų krosnelėje

Padarykite 19 cm/7 tortą

Dėl torto:

225 g/8 uncijos/1 puodelis sviesto arba margarino, suminkštinto

225 g/8 uncijos/1 puodelis smulkaus cukraus (labai smulkus).

225 g/8 uncijos/2 puodeliai savaime kylančių (savaime kylančių) miltų

5 kiaušiniai

45 ml/3 šaukštai kavos esencijos (ekstraktas)

Glajui (glaistui):

30 ml/2 šaukštai kavos esencijos (ekstraktas)

175 g/6 uncijos/¾ puodelio sviesto arba margarino

Cukraus pudra (konditerinis), persijotas

Graikinių riešutų puselės papuošimui

Sumaišykite visus pyrago ingredientus, kol gerai susimaišys. Padalinkite į dvi 19 cm/7 skersmens kepimo formas mikrobangų krosnelėje ir kiekvieną kepkite aukštoje temperatūroje 5–6 minutes. Išimkite iš mikrobangų krosnelės ir palikite atvėsti.

Sumaišykite cukraus pudros ingredientus, pagal skonį pasaldinkite cukraus pudra. Kai atvės, pyragėlius aptepkite puse glajaus, o likusius aptepkite ant viršaus. Papuoškite graikinių riešutų puselėmis.

www.ingramcontent.com/pod-product-compliance
Lightning Source LLC
Chambersburg PA
CBHW070423120526
44590CB00014B/1515